MINISTÈRE DU COMMERCE, DE L'INDUSTRIE, DES POSTES & TÉLÉGRAPHES

EXPOSITION UNIVERSELLE INTERNATIONALE DE 1900

DIRECTION GÉNÉRALE DE L'EXPLOITATION

CONGRÈS INTERNATIONAL

POUR LA

PROTECTION LÉGALE DES TRAVAILLEURS

Tenu à Paris, au Musée social, du 25 au 28 Juillet 1900

COMPTE RENDU ANALYTIQUE DES SÉANCES

PARIS

LIBRAIRIE NOUVELLE DE DROIT ET DE JURISPRUDENCE

ARTHUR ROUSSEAU

ÉDITEUR

14, rue Soufflot, et rue Toullier, 13

1901

CONGRÈS INTERNATIONAL

POUR LA

PROTECTION LÉGALE DES TRAVAILLEURS

MINISTÈRE DU COMMERCE, DE L'INDUSTRIE, DES POSTES & TÉLÉGRAPHES

EXPOSITION UNIVERSELLE INTERNATIONALE DE 1900

DIRECTION GÉNÉRALE DE L'EXPLOITATION

CONGRÈS INTERNATIONAL

POUR LA

PROTECTION LÉGALE DES TRAVAILLEURS

Tenu à Paris, au Musée social, du 25 au 28 Juillet 1900

COMPTE RENDU ANALYTIQUE DES SÉANCES

PARIS

LIBRAIRIE NOUVELLE DE DROIT ET DE JURISPRUDENCE

ARTHUR ROUSSEAU

ÉDITEUR

14, rue Soufflot, et rue Toullier, 13

1901

MINISTÈRE
DU COMMERCE
DE L'INDUSTRIE
DES POSTES
ET DES TÉLÉGRAPHES

EXPOSITION UNIVERSELLE DE 1900

DIRECTION GÉNÉRALE
DE L'EXPLOITATION

CONGRÈS INTERNATIONAUX

RÉPUBLIQUE FRANÇAISE

Paris, le 25 février 1900.

CONGRÈS INTERNATIONAL

POUR LA

PROTECTION LÉGALE DES TRAVAILLEURS

MONSIEUR,

Un Congrès pour la protection légale des travailleurs se tiendra à Paris, au Musée social, du 25 au 29 juillet 1900.

Les organisateurs de ce Congrès ne veulent pas soumettre à une nouvelle discussion contradictoire le principe de l'intervention de la loi dans le contrat de travail. C'est un débat que le Congrès de législation du travail, tenu à Bruxelles en 1897, leur paraît avoir épuisé.

Ils sont convaincus que la conscience des véritables intérêts des nations contemporaines, tout autant que le souci de remplir un devoir sacré, impose au législateur l'obligation de garantir à l'ouvrier des conditions de travail compatibles avec l'intégrité et le développement de sa personnalité physique et morale. Leur seule prétention serait d'offrir à tous ceux qui partagent leur conviction une occasion de se rencontrer, le moyen de mettre en commun le fruit de leurs observations et de leurs travaux, la possibilité enfin de s'entendre sur quelques points précis.

I

Une pareille réunion semble destinée à hâter et à faciliter les progrès de la législation protectrice des travailleurs. Nombreux et redoutables sont les obstacles auxquels ces progrès se heurtent, vives encore et persistantes les appréhensions qu'ils soulèvent. Mieux que des raisonnements abstraits, la connaissance et la comparaison des expériences tentées, des résultats obtenus, montreront comment les obstacles peuvent être franchis, les appréhensions calmées.

Nous croyons que les membres du Congrès pour la protection légale des travailleurs emporteront des délibérations auxquelles nous les convions une vue plus nette du but à poursuivre et des moyens de l'atteindre. Nous espérons plus : nous espérons que les hommes qu'une commune préoccupation de l'amélioration du sort des classes laborieuses aura momentanément groupés sauront créer entre eux des liens permanents.

Le projet d'une association internationale pour la protection légale des travailleurs est né à Bruxelles en 1897. Depuis trois ans, l'idée n'a pas été abandonnée. Elle a déjà suscité la formation de groupes nationaux importants. Puisse l'accueil fait, en tous pays, à notre appel permettre d'en tenter à Paris, en 1900, la complète et définitive réalisation.

Pour la Commission d'organisation :

Le Président,

Paul CAUWÈS,

Professeur à la Faculté de Droit
de l'Université de Paris.

Les Secrétaires généraux :

<table>
<tr><td align="center">Raoul JAY,
Professeur à la Faculté de Droit
de l'Université de Paris.</td><td align="center">Léon DE SEILHAC,
Délégué permanent
au Service industriel et ouvrier
du Musée social.</td></tr>
</table>

Nota. — Seront membres effectifs du Congrès, les personnes qui auront acquitté entre les mains du trésorier la cotisation, dont le montant est fixé à quinze francs.

Les rapporteurs sont dispensés de cotisations. Les représentants mandatés de syndicats ouvriers et d'associations ouvrières sont considérés comme rapporteurs.

Toutes les communications doivent être adressées au Musée social, rue Las Cases, 5, à Paris.

COMMISSION D'ORGANISATION

BUREAU

Président.

M. Paul Cauwès, professeur à la Faculté de droit de l'Université de Paris.

Vice-présidents.

MM. Arthur Fontaine, directeur du Travail au Ministère du Commerce.

Léopold Mabilleau, directeur du Musée social.

Secrétaires généraux.

MM. Raoul Jay, professeur à la Faculté de droit de l'Université de Paris.

Léon de Seilhac, délégué permanent au service industriel et ouvrier du Musée social.

Trésorier.

M. Léon de Seilhac.

MEMBRES.

MM.

Blondel (Georges), professeur à l'École des hautes études commerciales.

Breton (Georges), sous-directeur du Travail au Ministère du Commerce et de l'Industrie.

Briat (Edmond), secrétaire général de la Chambre syndicale des ouvriers en instruments de précision.

Contant, chef du Bureau du Travail à l'Hôtel de Ville.

Gide (Charles), professeur à la Faculté de droit de l'Université de Paris.

Lichtenberger (André), délégué au service des publications du Musée social.

Lorin (Henri), ancien élève de l'Ecole polytechnique, membre du Comité de perfectionnement du Collège libre des sciences sociales.

Martin-Saint-Léon (Etienne). docteur en droit, bibliothécaire du Musée social.

Quillent, conseiller prud'homme ouvrier.

Souchon, professeur à la Faculté de droit de l'Université de Paris.

PROGRAMME

I

La limitation légale de la journée de travail.

Étude comparée des législations. — La limitation légale de la journée de travail pour les enfants, adolescents, femmes et hommes adultes. — Progrès et réformes désirables. — Peut-on espérer et poursuivre la fixation, dans les principaux pays industriels, d'un même minimum légal de la journée de travail ?

II

L'interdiction du travail de nuit.

Les conséquences du travail de nuit. — L'interdiction du travail de nuit dans les législations des divers pays. — Peut-on interdire le travail de nuit à toutes les catégories de travailleurs, enfants, adolescents, femmes et hommes adultes ? — Une pareille interdiction comporterait-elle des exceptions pour certaines industries ? — Une entente internationale est-elle nécessaire pour arriver à la suppression du travail de nuit ?

III

L'inspection du travail.

Organisations diverses données, suivant les pays, à l'inspection du travail. — Avantages et inconvénients de ces organisations. Résultats obtenus. — De la collaboration des ouvriers à l'inspection du travail : inspecteurs adjoints, délégués élus par les ouvriers, contrôle par les syndicats.

IV

Union internationale pour la protection légale des travailleurs.

De l'utilité d'une association internationale pour le progrès de la législation du travail. — Quel devrait être le rôle d'une pareille association ?

COMITÉ DE PATRONAGE ET DE PROPAGANDE

DU CONGRÈS INTERNATIONAL

POUR LA

PROTECTION LÉGALE DES TRAVAILLEURS

Uniquement destiné à l'étude de quelques questions précises, d'intérêt pratique immédiat, le Congrès pour la protection légale des Travailleurs est ouvert, sans distinction de partis ni d'opinions, à tous ceux qui acceptent le principe de la protection légale des Travailleurs.

MM.

ALGLAVE, professeur à la Faculté de Droit de l'Université de Paris.

Ch. ANDLER, maître de conférences à l'Ecole normale supérieure, Paris.

R. P. ANTOINE, professeur à la Faculté libre de droit d'Angers.

GUMERSINDO de AZCARATE, professeur à l'Université de Madrid.

Dr J. M. BAERNREITHER, ancien ministre du commerce, Vienne, Autriche.

Jules BARAFORT, conseiller prud'homme, secrétaire général de la Fédération culinaire de France et des Colonies, membre du Conseil supérieur du travail

BARRAT, inspecteur divisionnaire du travail, Lyon.

Ch. BARRAL, enquêteur permanent de l'Office du travail, Paris.

BASSERMANN, député au Reichstag, Allemagne.

BAUMÉ, secrétaire de l'Union des Syndicats du département de la Seine.

Joseph BENZACAR, professeur à la Faculté de droit de l'Université de Bordeaux.

Baron de BERLEPCH, ministre d'Etat, ancien ministre du commerce, ancien président de la Conférence de Berlin.

Dr BECK, professeur à l'Universté de Fribourg, Suisse.

L. BERTRAND, membre de la Chambre des Représentants, Belgique.

Emile BLAISE, inspecteur divisionnaire du travail, Rouen.

Eugène BLIN, BLIN et BLIN fabricants de draps et tissus de laine, Elbeuf (Seine-Inférieure).

BABLED, professeur à la Faculté de droit de l'Université d'Aix.

BODIN, professeur à la Faculté de droit de l'Université de Rennes

BOISSARD, professeur à la Faculté libre de droit de Lille.

BOUDON, filateur de soie, conseiller général du Gard, St-Jean-du-Gard (Gard).

Léon BOURGEOIS, député, ancien ministre, Paris.

BOURGUIN, professeur à la Faculté de droit de l'Université de Lille.

Franz BRANDTS, industriel, München-Gladbach, Allemagne.

V. BRANTS, professeur à l'Université catholique de Louvain, Belgique.

BRENTANO, professeur à l'Université de Munich, Allemagne.

BROCARD, professeur à la Faculté de droit de l'Université d'Aix.

G. BRY, doyen de la Faculté de droit de l'Université d'Aix.

Adolfo Alvarez BUYLLA, professeur et doyen à la Faculté de droit de l'Université d'Oviedo, Espagne.

Jules CABOUAT, professeur à la Faculté de droit de l'Université de Caen.

Henri CAPITANT, professeur à la Faculté de droit de l'Université de Grenoble.

CHAUTARD, conseiller municipal de Paris.

Emile CHEYSSON, inspecteur général des Ponts et Chaussées, professeur à l'Ecole Nationale supérieure des Mines et à l'École libre des sciences politiques, Paris.

John CLARK, professeur à la Columbia University, New-York, Etats-Unis.

Alfred COLLE, député, Paris.

COLIN, administrateur de la Société du Familistère de Guise (Aisne).

COOREMANS, membre de la Chambre des Représentants, ancien ministre de l'industrie et du travail, Belgique.

COUPAT, secrétaire de la Fédération des ouvriers mécaniciens, Paris.

Th. CURTI, conseiller du gouvernement, Saint-Gall (Suisse).

David DALE, West Lodge, Darlington, Angleterre, délégué de la Grande-Bretagne à la conférence de Berlin.

Victor DALLE, membre du Conseil supérieur du travail, secrétaire de la Fédération nationale des employés, Paris.

DECURTINS, député au Conseil national, ancien vice-président du Congrès de Zurich, Suisse.

DELBET, député, directeur du Collège libre des Sciences sociales, Paris.

Hector DENIS, professeur à l'Université libre de Bruxelles, membre de la Chambre des représentants, Belgique.

Paul DESCHANEL, président de la Chambre des députés, Paris.

DESPAUX, inspecteur divisionnaire du travail, Limoges.

DEVILLE, conseiller municipal de Paris.

Mlle DICK MAY, secrétaire générale de l'Ecole de Morale, Paris.

DIDIER, professeur à la Faculté de droit de l'Université de Bordeaux.

DOMERGUE, secrétaire général de la Société d'Economie nationale, directeur de la « Réforme économique », Paris.

DRON, député, Paris.

DUBIEF, député, président de la Commission du travail à la Chambre des Députés, Paris.

A. DUBOIS, professeur à la Faculté de droit de l'Université de Poitiers.

JEAN DUBOIS, directeur général au Ministère de l'Industrie et du Travail, Belgique.

E. DURKHEIM, professeur à la Faculté des Lettres de l'Université de Bordeaux.

EUG. DUTHOIT, professeur à la Faculté libre de droit de Lille.

BERNHARDT VON EHRENFELS, député au Reichsrath et au Landtag, Gutt Brunn am Walde, Lichtnau, Autriche.

RICHARD ELY, professeur à l'Université de Madison, Etats-Unis.

Dr JOSEF FORT, membre du Reichsrath à Vienne et député de la Diète de Prague, Bohême.

HOUQUES-FOURCADE, professeur à la Faculté de droit de l'Université de Toulouse.

MARCEL FOURNIER, directeur de la « Revue politique et parlementaire », à Paris.

HEINRICH FREESE, industriel, Berlin, Allemagne.

GARIEL, professeur à la Faculté de droit de l'Université de Montpellier.

GARNIER, professeur à la Faculté de droit de l'Université de Nancy.

GAUTRET, député, maire des Sables-d'Olonne, Paris.

GILBERT, manufacture de crayons à Givet (Ardennes).

Comte GOBLET D'ALVIELLA, ancien sénateur, Château-de-Court, St-Etienne (Brabant), Belgique.

GOUTTES, inspecteur divisionnaire du travail, Bordeaux.

GRÉBAUVAL, président du conseil municipal de Paris.

HERMANN GREULICH, secrétaire ouvrier suisse, ancien secrétaire général du Congrès de Zurich, Suisse.

GUSTAVE GROSS, député au Reichsrath, professeur de l'Université de Vienne (Autriche).

ARTHUR GROUSSIER, député, Paris.

ED. GRUNER, ingénieur civil des mines, secrétaire du Comité central des houillères de France, secrétaire du Comité permanent des accidents du travail, Paris.

GUERNIER, professeur à la Faculté de droit de l'Université de Lille.

Léon HARMEL, industriel, Val des Bois, Warmeriville (Marne).

H. HAUSER, professeur à l'Université de Clermont-Ferrand.

Emile VER HEES, docteur en droit, chef de bureau à l'Office du Travail, Belgique.

HELLEPUTTE, membre de la Chambre des Représentants, Belgique.

HERKNER, professeur à l'Université de Zurich.

Dr HEWINS, directeur de l'Ecole des Sciences économiques et politiques, Londres.

Baron HEYL von HERNSHEIM, député au Reichstag, Allemagne.

Dr HIRSCH, membre de la Chambre des Députés de Prusse, Berlin.

Dr HITZE, professeur, député au Reichstag, Allemagne.

Paul HYMANS, membre de la Chambre des Représentants, Belgique.

Ch. Th. D'INAMA-STERNEGG, chef de l'Institut international de statistique, Vienne, Autriche.

JACQUES, inspecteur divisionnaire du travail, Dijon.

JARACZEWSKI, inspecteur divisionnaire du travail, Lille.

Hugo KAMIN, président de l'Union des Gewerkvereine allemandes, Berlin.

Franz KAUFFMANN, chef de division au département fédéral de l'Industrie, Berne.

KEUFER, membre du Conseil supérieur du travail, secrétaire de la Fédération du Livre, Paris.

S. E. Dr Franz KLEIN, chef de division au ministère de la justice, Vienne (Autriche).

KÖGLER, directeur de l'Institut d'assurances contre les accidents de la Basse-Autriche, Vienne.

Dr Rudolf KOLISKO, député au Landtag, Autriche.

A. KUYPER, député, professeur à l'Université libre d'Amsterdam, Hollande.

Adrien LACHENAL, ancien président de la Confédération suisse, Genève.

LAGARD, inspecteur divisionnaire du travail, Marseille.

Dr LAMMASCH, professeur à l'Université, Vienne, Autriche.

Otto LANG, juge de district, Zurich.

LAPORTE, inspecteur divisionnaire du travail, Paris.

Jean-Baptiste LEFORT, maître de forges à Mohon (Ardennes).

Ch. LE COUR GRANDMAISON, sénateur, Paris.

L'abbé LEMIRE, député, Paris.

LEPELLETIER, professeur à l'Institut catholique, Paris.

LEROLLE, député, Paris.

LEVEILLÉ, professeur à la Faculté de droit de l'Université de Paris.

LEXIS, professeur à l'Université de Gœttingen, Allemagne.

Dr LIEBER, député au Reichstag, Berlin,

Achille LORIA, professeur à l'Université de Padoue, Italie.

MAHAIM, professeur à l'Université de Liège, Belgique.

MALFAIT, secrétaire de la Commission consultative de la Bourse du Travail, Paris.

MANDELLO, professeur à l'Université de Budapest, Hongrie.

Lucien MARCH, chef du service du recensement professionnel à l'Office du Travail, Paris.

Victor MATAJA, conseiller au Ministère du Commerce et chef de l'Office de la Statistique du travail, Vienne, Autriche.

MAYNIER, secrétaire du Syndicat des typographes, Paris.

Georges von MAYR, ancien sous-secrétaire d'Etat impérial, professeur à l'Université de Munich, Allemagne.

MELLING, secrétaire du Conseil des Prud'hommes, Paris.

Anton MENGER, professeur à l'Université de Vienne, Autriche.

E. MERCIER, Compagnie des grands vins de Champagne, Epernay (Marne).

MERTON, Institut für Gemeinwohl, Frankfurt-am-Mein, Allemagne.

MESUREUR, député, ancien ministre, Paris.

L. P. A. MOLLENGRAFF, professeur à l'Université d'Utrécht, Hollande.

Eugène MOTTE, député, Paris.

Comte DE MUN, député, Paris.

Fr. NAUMANN, Berlin, Allemagne.

NAVARRE, conseiller municipal, Paris.

NYSSENS, ancien ministre du travail, Belgique.

C. NICOLAS, conseiller d'Etat, Directeur de l'Industrie au Ministère du Commerce et de l'Industrie, Paris.

NEUJEAN, membre de la Chambre des Représentants, Belgique.

Georges PAULET, chef de la Division de la prévoyance sociale au Ministère du Commerce, professeur à l'Ecole des Sciences politiques, Paris.

PERREAU, député, professeur de l'Université d'Aix.

Von PHILIPPOVICH, Edler von Philippsberg, professeur à l'Université de Vienne, Autriche.

Gustav PHILIPSEN, député et conseiller municipal de Copenhague, Danemark.

P. PIC, professeur à la Faculté de droit de l'Université et à l'Ecole supérieure de commerce de Lyon.

Dr PIEPER, secrétaire général de l'Office central des Unions populaires pour l'Allemagne catholique, München Gladbach, Allemagne.

J. PIERNAS HURTADO, professeur à l'Université de Madrid.

POIRRIER, sénateur de la Seine, Paris.

Ad. PRINS, professeur à l'Université libre de Bruxelles.

Albert QUIQUET, actuaire de la Compagnie d'assurance « La Nationale-vie », Paris.

Paul REBOUD, professeur à la Faculté de droit de l'Université de Grenoble.

RENKIN, membre de la Chambre des Représentants, Belgique.

Louis RICARD, député, ancien ministre, Paris.

RIST, professeur à la Faculté de droit de l'Université de Montpellier.

R. RODRIGUEZ de CEPEDA, professeur à l'Université de Valence, Espagne.

Richard ROESIKE, député au Reichstag, Allemagne.

Franz von ROTTENBURG, Bonn. a. Rhein, Allemagne.

SAUVAIRE-JOURDAN, professeur à la Faculté de droit de l'Université de Bordeaux.

Dr SCHOEPMAN, membre de la Chambre des Représentants, Hollande.

H. SCHERRER, avocat, ancien président du Congrès de Zurich; Saint-Gall, Suisse.

Reinhart SCHMIDT, vice-président du Reichstag, Allemagne.

Gustav SCHMOLLER, professeur à l'Université de Berlin.

Dr SCHULER, inspecteur du travail de la 1re circonscription, Möllis (canton de Glaris), Suisse.

SCHWIEDLAND, professeur à l'Université de Vienne (Autriche).

Alex. SÉPULCHRE, directeur général de la Société de Vézin-Aulnoye, Maubeuge (Nord).

Jules SIEGFRIED, ancien ministre du commerce, président du comité de direction du Musée Social, Paris.

Werner SOMBART, professeur à l'Université de Breslau, Allemagne.

Léopold SONNEMANN, fondateur de la Gazette de Francfort, Francfurt-am-Mein, Allemagne.

Dr SOURBECK, secrétaire général de l'Union du personnel des Entreprises suisses de transport; ancien vice-président du Congrès de Zurich; Berne.

Adolf STOECKER, prédicateur de la Cour et député au Reichstag, Berlin.

H. W. E. STRUVE, inspecteur du travail, s'Gravenhage (La Haye).

P. L. TAK, rédacteur en chef du journal « De Kroniek », Amsterdam, Hollande.

TISCHENDORFER. lithographe, Berlin.

TONIOLO, professeur à l'Université de Pise, Italie.

M. W. F. TREUB, directeur du « Centraal Bureau vor Sociale Adviezen », Amsterdam, Hollande.

Henri TRUCHY, professeur à la Faculté de droit de l'Université de Dijon.

Charles TURGEON, professeur à la Faculté de droit de l'Université de Rennes.

Ed. VAILLANT, député, Paris.

Louis VALLAS, professeur à la Faculté de droit de l'Université de Lille.

E. VANDERVELDE, membre de la Chambre des Représentants, Belgique.

Maurice VANLAER, professeur à la Faculté libre de droit de Lille.

VAQUETTE, secrétaire de la Société de Résistance des ouvriers imprimeurs lithographes de la Seine.

Arthur VERHAEGEN, ingénieur honoraire des Ponts et Chaussées, membre de la Chambre des Représentants, Belgique.

VIARDOT, directeur de l'Association des ouvriers en instruments de précision, Paris.

Maurice VIGNES, professeur à la Faculté de droit de l'Université de Dijon.

Ed. VILLEY, doyen de la Faculté de droit de l'Université de Caen.

VITURAT, membre du Syndicat des coupeurs chemisiers, Paris.

R. WADDINGTON, sénateur, président de la Commision supérieure du travail, Paris.

Adolf WAGNER, professeur à l'Université de Berlin.

Léon WALRAS, professeur honoraire à l'Université de Lausanne (Suisse).

Emile WAXWEILLER, chef de bureau à l'Office du travail, chargé de cours à l'Université, Bruxelles.

Sidney WEBB, Londres.

Mme Béatrice WEBB, Londres.

WEBER, président des Unions évangéliques des travailleurs allemands, München Gladbach (Allemagne).

Dr WEISKIRCHNER, député au Reichsrath, Autriche.

Carton de WIART, membre de la Chambre des Représentants, Belgique.

Dr C. E. F. WILKENS, professeur à l'Université de Copenhague.

William WILLOUGBV, department of Labor, Washington.

Dr A. WIRMINGHAUS, syndic de la Handelskammer, Cologne, Allemagne.

Otto WITTELSHOEFER, Vienne, Autriche.

WORRISHOFFER, conseilleur supérieur et directeur de l'Inspection des fabriques badoises, Karlsruhe, Allemagne.

René WORMS, professeur à la Falculté de droit de l'Université de Caen.

Caroll. D. WRIGHT, directeur du department of Labor, Washington, Etats-Unis.

MINISTÈRE
DU COMMERCE
DE L'INDUSTRIE
DES POSTES
ET DES TÉLÉGRAPHES

EXPOSITION UNIVERSELLE DE 1900

DIRECTION GÉNÉRALE
DE L'EXPLOITATION

CONGRÈS INTERNATIONAUX

RÉPUBLIQUE FRANÇAISE

CONGRÈS INTERNATIONAL

POUR LA

PROTECTION LÉGALE DES TRAVAILLEURS

(PARIS, 25-29 JUILLET 1900)

RÉGLEMENT

ARTICLE PREMIER

Un Congrès international pour la protection légale des travailleurs se tiendra à Paris, au Musée social, du 25 au 29 juillet 1900.

ART. 2.

Sont membres effectifs du Congrès les personnes qui auront acquitté entre les mains du trésorier la cotisation dont le montant est fixé à 15 francs.

Les rapporteurs sont dispensés du versement de la cotisation. Les représentants mandatés de syndicats et d'associations ouvrières sont considérés comme rapporteurs.

Sont aussi membres effectifs du Congrès les délégués officiels désignés par les Gouvernements.

Art. 3.

Des rapporteurs seront, autant que possible, désignés dans chaque pays par la Commission d'organisation. Cette Commission recevra également tous les mémoires qu'on voudra bien lui adresser et les fera imprimer, s'il y a lieu et moyen.

Ces mémoires devront être parvenus à la Commission d'organisation avant le 15 juin 1900.

Art. 4.

Les membres effectifs et les rapporteurs ont seuls le droit de prendre part aux débats du Congrès.

Art. 5.

La première séance du Congrès sera ouverte par le président de la Commission d'organisation. Il sera procédé immédiatement à la nomination du bureau, sur la proposition de la Commission d'organisation, en tenant compte des pays représentés.

Art. 6.

Le bureau du Congrès décidera s'il y a lieu de diviser le Congrès en sections.

Il fixera l'ordre du jour de chaque séance.

Art. 7.

Les discussions du Congrès porteront exclusivement sur les questions inscrites au programme arrêté par la commission d'organisation.

Une séance pourra être consacrée à la préparation d'un prochain Congrès et aux questions qui pourraient y être traitées, notamment à la question du salaire.

Art. 8.

Les orateurs ne pourront parler plus d'un quart d'heure de suite.

Sur la proposition du président, l'assemblée pourra apporter, s'il y a lieu, des dérogations à la règle précédente.

Art. 9.

Le Congrès ne vote, en principe, que sur des questions d'ordre intérieur et de règlement.

Cependant, le bureau pourra soumettre à l'approbation du Congrès les vœux qui lui paraîtraient conformes au sentiment général de l'assemblée.

Art. 10.

Chaque orateur pourra s'exprimer dans sa propre langue. Autant que possible, il sera fait aussitôt un résumé en langue française des discours prononcés dans une autre langue.

Art. 11.

Les membres du Congrès qui auront pris la parole dans une séance devront remettre au secrétaire, dans les vingt-quatre heures, un résumé de leur communication pour la rédaction des procès-verbaux.

La Commission d'organisation se réserve de réduire ces résumés, s'il est nécessaire.

Art. 12.

Les procès-verbaux sommaires des délibérations du Congrès seront imprimés et distribués aux membres du Congrès après la session.

Art. 13.

Un compte rendu détaillé des travaux du Congrès sera, dans la mesure du possible, publié par la Commission d'organisation.

II

Art. 14.

Jusqu'à l'ouverture du Congrès, la Commission d'organisation statuera souverainement sur les points non prévus au présent règlement. Le même droit appartiendra au bureau du Congrès pendant la durée de ce Congrès.

Art. 15.

Les sommes restant en caisse, les dépenses du Congrès soldées, seront attribuées à l'Association internationale pour la protection légale des travailleurs ou, à son défaut, au Musée social.

MEMBRES DU CONGRÈS

I

DÉLÉGUÉS OFFICIELS

AUTRICHE

MM.

Le comte de AUERSPERG, conseiller au Ministère de l'Intérieur.
Hugo BACH, secrétaire du Ministère du Commerce.
Victor MATAJA, conseiller aulique au Ministère du Commerce.
Alexandre TOLDT, conseiller au Ministère de l'Agriculture.

BELGIQUE

Jean DUBOIS, directeur général au Ministère de l'Industrie et du Travail.
Ver HEES, chef de bureau à l'Office du Travail.

ÉTATS-UNIS D'AMÉRIQUE

John CUMMINS, professeur de science sociale à l'Harard Université.
W.-F. WILLOUGHBY, du Department of Labor de Washington.

ÉTATS-UNIS DU MEXIQUE

Miguel A. de QUEVEDO, ingénieur des Ponts et Chaussées.

PAYS-BAS

STRUVE, inspecteur du Travail.

RUSSIE

APOSTOL.
Dr POGOJEFF.
RAFFALOVICH, conseiller d'État actuel, membre du Conseil du Ministre
des Finances, vice-président de la Commission impériale.

II

LISTE DES ADHÉRENTS

MM.

ABD-EL-HAMID ABAYA, de la Société khédivale d'agriculture, Caire (Égypte).

ADAN, directeur général de la Royale Belge, secrétaire de l'Association des Industriels de Belgique, impasse du Parc, Bruxelles.

L. AGUILLON, inspecteur général des Mines, 71, faubourg Saint-Honoré, Paris.

ERNESTO DE ANGELI, sénateur, Milan (Italie).

R. P. ANTOINE, professeur à la Faculté libre de Droit, 3, rue de Rabelais, Angers.

APOSTOL, délégué officiel de la Russie, 38, avenue Niel, Paris.

ARBEITER-UNFALLVERSICHERUNGANSTALT, für Niederosterreich, Vienne (Autriche).

ARQUEMBOURG, ingénieur, délégué de l'Association des Industriels du Nord de la France contre les accidents, 116, rue de l'Hôpital-Militaire, Lille.

AUBERTIE, inspecteur du travail, Creil, Oise.

Comte LÉOPOLD AUERSPERG, conseiller au Ministère de l'Intérieur, délégué officiel de l'Autriche.

HUGO BACH, délégué officiel du Ministère du Commerce d'Autriche.

BACQUIAS, inspecteur du travail, 42, rue Dauphine, Orléans.

BARAFORT, conseiller prud'homme, délégué du Syndicat des Cuisiniers de Paris, membre du Conseil supérieur du travail, 35, rue Jean-Jacques-Rousseau, Paris.

E. BARRAL, inspecteur divisionnaire du travail, 28, quai de la Guillotière, Lyon.

BARRAT, enquêteur permanent à l'Office du travail, 36, rue des Bernardins, Paris.

CH. V. BARTAUMIEUX, architecte, 66, rue de la Boëtie, Paris.

PIERRE BASTIN, industriel, Roubaix (Nord).

BAUMÉ, secrétaire de l'Union des Syndicats du département de la Seine, 3, rue du Château-d'Eau, Paris.

BEAUSOLEIL, délégué du Syndicat des Employés, 35, rue Meslay, Paris.

BEISSEL, délégué de l'Arbeiterwohl, Commerzienrath, Aix-la-Chapelle.

MAURICE BELLOM, ingénieur des Mines, 6, rue Daubigny, Paris.

JOSEPH BENZACAR, professeur agrégé à la Faculté de droit de l'Université, 8, rue d'Albret, Bordeaux.

Baron DE BERLEPSCH, ministre d'État, Seebach, Kreis Langensalza (Allemagne).

A. BERNARD, directeur gérant des charbonnages de la Petite Bremare, Herstal, Liège (Belgique).

BERNARDAUD, 13, square des Émailleurs, Limoges.

E. BERNHARD, ingénieur, Klopstockstrasse, 23, Berlin.

BERTRAND, président des Chambres syndicales de l'industrie et du bâtiment, 3, rue de Lutèce, Paris.

Louis BERTRAND, député, 11, rue James-Watt, Bruxelles.

BLAISE, inspecteur divisionnaire du travail, 1, quai de Paris, Rouen.

BLANC, inspecteur du travail, Avignon.

Eugène BLIN, Elbeuf (Seine-Inférieure).

G. BLONDEL, agrégé de l'Université, 11, rue des Saints-Pères, Paris.

Adéodat BOISSARD, chargé de cours à la Faculté libre de droit de Lille, 25 bis, rue Jean-sans-Peur, Lille.

BONNARD, 9, rue Chabrol, Paris.

René BOUDON, industriel, conseiller général du Gard, 55, avenue Kléber, Paris.

BOULÉ, secrétaire de la Chambre syndicale des scieurs de pierre, 53, rue Truffaut, Paris.

BOURGUIN, professeur à la Faculté de droit de Lille.

Mlle BOUVARD, chambre syndicale des ouvrières fleuristes.

N. C. J. BRANDENBURG, ingénieur, 8, quai des Usines, Bruxelles (Laeken).

Frantz BRANTS, München Gladbach (Allemagne).

Alex. BRAUN, sénateur, avocat à la Cour d'appel de Bruxelles, 92, rue du Prince-Royal, Bruxelles.

Dr BRÉMOND, inspecteur du travail, 15, rue Condorcet, Paris.

BRENTANO, professeur à l'Université de Munich, Friedrichstrasse, 11, Munich (Bavière).

Georges BRETON, sous-directeur de l'Industrie au Ministère du Commerce, 80, rue de Varenne, Paris.

Edmond BRIAT, secrétaire général de la Chambre syndicale des ouvriers en instruments de précision, 28, rue Schomer, Paris.

BROCARD, chargé de cours à la Faculté de droit, 4, boulevard du Roi-René, Aix (Bouches-du-Rhône).

Aug. BRUGGEMAN, conseiller communal, Gand, Belgique.

Jean BRUNHES, professeur de géographie à l'Université de Fribourg, Suisse.

BRUST, délégué du syndicat des mineurs chrétiens d'Allemagne, Altenessen.

BRY, doyen de la Faculté de droit de l'Université d'Aix (Bouches-du-Rhône).

E. CAILLET, ingénieur des arts et manufactures, 7, rue Cortambert, Paris.

CAIRE, inspecteur du travail, 19, rue Dupont-des-Loges, Rennes.

Eugène CAMPREDON, inspecteur du travail, 19, rue Angel-Albert, Angoulême.

Robert CARMICHAEL, 4, rue Saint-Florentin, Paris.

E. CAUVIN, député, 5, rue de Milan, Paris.

Paul CAUWÈS, professeur à la Faculté de Droit de l'Université de Paris, président de la Commission d'organisation du Congrès, avenue de Sceaux, Versailles.

Robert CENTNER, président du Cercle d'études commerciales, Verviers (Belgique).

Rodriguez de CEPÉDA, professeur à l'Université de Valence, place Saint-Domingo, 2, Valence (Espagne).

LA CHAMBRE DE COMMERCE, Elbeuf, Seine-Inférieure.

CHAMPY, délégué de la Chambre syndicale des ouvriers de l'"orfévrerie et de l' « Union protectrice des jeunes travailleurs des deux sexes », 38, rue ·de Turenne, Paris.

Michel CHOMENTO, Grand-hôtel des Palais, Champs-Élysées, Paris.

CHOUANARD, délégué de la Chambre française de Commerce et d'Industrie, impasse du Parc, Bruxelles (Belgique).

L.-V. COLIN, administrateur de la Société du Familistère de Guise (Aisne).

Alfred COLLE, député, 16, rue de la Bienfaisance, Paris.

COMITÉ CENTRAL des houillères de France, 55, rue de Châteaudun, Paris.

Mme de CONTENCIN, inspectrice du travail, 13, rue Jules-César, Paris.

CONTANT, directeur du travail à l'Hôtel de Ville, Paris.

Edouard CRÉTÉ, imprimeur, Corbeil.

CROLS, délégué de l'administration des Mines de Belgique, 2, rue Latérale, Bruxelles.

Dr John CUMMINGS, professeur de sciences sociales à l'Université Harvard, délégué officiel du gouvernement des États-Unis, New-York (États-Unis).

Théod. CURTI, président du Conseil d'État du canton de Saint-Gall, conseiller national suisse, Gallstrasse, 15, Saint-Gall (Suisse).

Sir David DALE, propriétaire de mines, West-Lodge, Darlington (Angleterre).

Julien DALTROFF, industriel, 17, rue de Cléry, Paris.

Laurent DECHESNE, docteur spécial en économie politique, 12, rue Duvivier, Liège (Belgique).

Abbé N. DELSOR, député au Reichstag, rédacteur à la « Revue catholique d'Alsace », Nordhein par Marlenheim.

Hector DENIS, membre de la Chambre des Représentants, professeur à l'Université libre, 42, rue de la Croix, Ixelles, Bruxelles.

DOLLEANS-PELLORCE, 77, boulevard Saint-Michel, Paris.

Gve. DRON, député, 12, rue Notre-Dame-des-Champs, Paris.

A. DUBOIS, professeur à la Faculté de Droit, 33, rue Gambetta, Poitiers.

JEAN DUBOIS, directeur général de l'Office du travail de Belgique, délégué officiel du Ministère de l'Industrie et du Travail de Belgique, 2, rue Latérale, Bruxelles.

DUCHÈNE, directeur de la Société anonyme de Loth (Belgique).

DUNKER, Academiestrasse, 24/1, Munchen (Allemagne).

L. DUPUIS, administrateur délégué des mines de Rosières, président de la Chambre de Commerce de Bourges.

DURASSIER, ingénieur civil des Mines, 5, Place des Ternes, Paris.

EUGÈNE DUTHOIT, professeur à l'Université catholique de Lille, 39, rue de Bourgogne, Lille.

L. DUVAL-ARNOULD, docteur en droit, avocat à la Cour d'appel de Paris, conseiller municipal, 95, rue de Rennes, Paris.

Dr FAUQUET, délégué de l'Union syndicale des employés des coopératives ouvrières, 1, rue Boyer-Barret, Paris.

FAVON, président du Conseil d'État du canton de Genève.

FÉDÉRATION des mouleurs de métaux de France, 14, rue des Amandiers, Paris.

FOCQUET, directeur de la Société des forges de Vireux-Molhain (Ardennes).

ARTHUR FONTAINE, ingénieur en chef des Mines, directeur du travail au Ministère du Commerce, 80, rue de Varenne, Paris.

FRANKE, directeur de la « Soziale Praxis », Bayreutherstrasse 40, Berlin. W.

CARL FRIEDERICHS, Geheimer Commerzienrath, Remscheid (Westphalie).

FROIS, ingénieur, inspecteur du travail, 1, petite rue du Marais, Nantes.

FUCHS, inspecteur des fabriques du Grand-Duché de Bade, Jollystrasse, 13, Karlsruhe (Allemagne).

GAILLOT, inspecteur du travail, 5, square des écoles, Belfort.

GARIEL, professeur à la Faculté de Droit de l'Université de Montpellier, 2, rue de la Paix, Grenoble.

J. GARNIER, professeur à la Faculté de droit de Nancy, 8bis, rue Isabey, Nancy.

GENESTIER, délégué du Comité général pour le relèvement des salaires du tissage, 8, rue du Clocher, Saint-Etienne.

CHARLES GIDE, professeur à la Faculté de Droit de l'Université de Paris, 11, rue Chaussée-de-la-Muette, Paris.

GIESBERT, délégué des cercles d'ouvriers catholiques d'Allemagne, Munchen Gladbach.

JULES GILBERT, manufacturier, Givet (Ardennes).

GODART, avocat à la Cour d'appel, 123, rue de Vendôme, Lyon.

GOLDSTEIN, privatdocent à l'Université de Zurich.

Mlle DE GOURLET, déléguée de la Société d'action pratique pour l'amélioration du sort de la femme, Palais de l'Elysée, faubourg Saint-Honoré, Paris.

GOUTTES, inspecteur divisionnaire du travail, 66, rue Eugène-Ténot, Bordeaux.

RÉNÉ GROSDIDIER, maitre de forges, maire de Commercy (Meuse).

GROUSSIER, député, 171, boulevard de la Villette, Paris.

GRUNER, ingénieur civil des mines, secrétaire du Comité Central des houillères de France, secrétaire du Comité permanent des accidents du travail, 6, rue Ferou, Paris.

CHARLES GUERNIER, professeur à la Faculté de droit de l'Université de Lille.

GUILAIN, inspecteur du travail, 10, avenue de Villiers, Paris.

A. GUINOND, secrétaire général des chambres syndicales de l'industrie et du bâtiment, 3, rue de Lutèce, Paris.

GUMERSINDO DE ASCARATE, professeur de l'Université, 7, Ayala, Madrid.

Mme GUMPLOWICZ, Landau, Vienne (Autriche).

GUILLOT, avocat à la Cour d'appel, 5, rue Frédéric-Bastiat, Paris.

GUYON, inspecteur des fabriques au Canada, 80, rue St-Gabriel, Montréal.

HALOT, délégué de la Chambre française de commerce et d'industrie, 5, impasse du Parc, Bruxelles.

R. P. HAMON, délégué du cercle des maçons et tailleurs de pierre, 7, rue des Chantiers, Paris.

Miss HARRISSON, élève à l'école des sciences économiques de Londres, 9, Adelphi Terrace, Londres.

A. HARLÉ, inspecteur du travail, 14 ^{bis}, rue Pierre-Nys, Paris.

HARMEL, industriel, Val-des-Bois, Warmériville (Marne).

RICHARD HASENOEHRL, délégué officiel de l'Autriche, conseiller au ministère du commerce à Vienne.

EDOUARD HENRI, inspecteur du travail, 3, impasse du travail, Troyes.

PH. HERZ-MILLS, Manizer Landtrasse 90, Frankfurt-am-Main (Allemagne).

Baron HEYL VON HERRNSHEIM, député au Reichstag, Worms (Allemagne).

HIRSCH, délégué des Gewerkvereine allemands, membre de la Chambre des députés de Prusse, Genthinerstr. 14, Berlin.

Abbé HITZE, député au Reichstag allemand, professeur à l'Académie de Munster en Westphalie (Allemagne).

ADOLPHE HOPMANN, industriel, Firma Gebrüder Wuse, Weiden in Ruhr.

HOUTMANM, délégué de la Chambre syndicale des fondeurs typographes, 3, rue de la Fidélité, Paris.

A. HUGOT, directeur des Forges de Firminy (Loire).

Mlle B.-L. HUTCHINS, élève à l'école des sciences économiques de Londres, 9, Adelphi Terrace, Londres.

Paul HYMANS, membre de la Chambre des Représentants, 9, rue d'Egmont, Bruxelles.

E. JACQUES, inspecteur du travail, 7, rue de l'École-de-Droit, Dijon.

Joseph JARACZEWSKI, inspecteur divisionnaire du travail, 60, rue Jeanne-d'Arc, à Lille.

JAY, professeur à la Faculté de Droit de l'Université de Paris, membre du Conseil supérieur du travail, 16, Rond-point de la Porte-Maillot, Paris.

Emile JOHN, sociétaire de la Société Minière de Brüx (Bohême).

Hugo KAMIN, président des Verbandes der Deutschen Géwerkvereine, Schönleinstrasse, 3, Berlin. S.

KASHIRO-SAITO, commissaire adjoint du Japon à l'Exposition universelle de 1900, 129, rue de la Pompe, Paris.

Rudolf KAULLA, docteur en droit, Academiestrasse, 3/1, München (Allemagne).

KEUFER, délégué de la Fédération du Livre, membre du Conseil supérieur du travail, rue de Savoie, Paris, 20.

Henri KLOTZ, parfumerie Pinaud, 35, rue François-Gérard, Paris.

Charles KOGLER, conseiller d'État, directeur de l'Arbeiter-Unfallversicherunganstalt für Niederosterreich, 1, Schottenbastei, 10, Vienne (Autriche).

Maxime KOVALEWSKI, 12, avenue Carnot, Paris.

W. KREBS, député, secrétaire général de l'Union Suisse des Arts et Métiers, Berne (Suisse).

C. KRUSPENSKI, avocat, 108 bis, Strada Stirbey Voda, Bucarest (Roumanie).

Dr KUSMANY Graz (Autriche).

Hubert LAGARDELLE, directeur du « Mouvement socialiste », 18, rue Le Verrier, Paris.

LAMMASCH, professeur à l'Université, Vienne (Autriche).

Otto LANG, juge de district, Zurich (Suisse).

E. LAPORTE, inspecteur divisionnaire du travail, 29, rue de Tournon, Paris.

Paul LEBLAN, président du Syndicat de l'industrie linière du département du Nord, 24, rue Gauthier-de-Châtillon, Lille.

LECLERQ, délégué de l'Union démocratique de la région du Nord, 12, rue Henri-Kolb, Lille.

LE COUR GRANDMAISON, sénateur, 27, rue Casimir-Périer, Paris.

LEFORT et Cie, clouterie de Mohon (Ardennes).

Jean LEROLLE, avocat à la Cour d'appel, 10, avenue de Villars, Paris.

Paul LEROLLE, député de la Seine, 10, avenue de Villars, Paris.

LÉVEILLÉ, professeur à la Faculté de Droit de l'Université de Paris, 55, rue de Cherche-Midi, Paris.

E. LÉVY, délégué de la Chambre syndicale des confectionneurs pour hommes et enfants, 3, place des Victoires, Paris.

D. LEXIS, professeur à l'Université, Gottingen (Allemagne).

Dr LIEBER, député au Reichstag, Camberg Wiesbaden (Allemagne).

LICHTENBERGER, docteur ès-lettres, agrégé d'histoire, délégué au service des publications du Musée Social, 5, rue Las-Cases, Paris.

LORIN, ancien élève de l'École polytechnique, 186, rue du Faubourg Saint-Honoré, Paris.

MABILLE, député, professeur à l'Université de Louvain, Le Rœulx (Hainaut).

MABILLEAU, directeur du Musée Social, 5, rue Las-Cases, Paris.

ERNEST MAHAIM, professeur à l'Université de Liège, 77, rue Paradis, Liège.

Le comte JOSEPH DE MAILATH, Perbenyik, Comitat Zemplen (Hongrie).

JULES MANDELLO, professeur à l'Université de Budapest (Hongrie).

LUCIEN MARCH, délégué permanent à l'Office du Travail, 80, rue de Varenne, Paris.

LOUIS MARIN, 13, avenue de l'Observatoire, Paris.

DU MAROUSSEM, délégué des carriers de Crazanne, 65, rue Madame, Paris.

VAN MARKEN, imprimeur à Delft (Hollande).

MARTIN SAINT-LÉON, docteur en droit, bibliothécaire du Musée Social, 5, rue Las-Cases, Paris.

LOUIS MASSON, ingénieur contrôleur des Mines, 2, rue du Pré-des-Sœurs, Béthune (Pas-de-Calais).

FRANÇOIS MASUREL, Tourcoing (Nord).

MATAJA, chef de la statistique à l'Office du travail d'Autriche, conseiller aulique au ministère du Commerce, délégué officiel du ministère du Commerce d'Autriche.

ROBERT MAUCH, secrétaire général de l'Union des ouvriers constructeurs de machines et métallurgistes allemands, Grimmstrasse, 35, Berems.

MAUZAIZE, 23, rue d'Ulm, Paris.

VON MAYR, ancien sous-secrétaire d'État, professeur à l'Université de Munich, Georgenstrasse, 38/1, Munich.

MAZOYER, docteur en droit, ingénieur des arts et manufactures, rédacteur à la préfecture de la Seine, 4, rue Guichard, Paris.

MENGER ANTOINE, professeur à l'Université de Vienne (Autriche).

MERCIER, vins de Champagne, Épernay (Marne).

WILHELM MERTON, directeur de la Metallgesellchaft, Francfort-sur-le-Mein.

ALBERT MÉTIN, agrégé d'histoire, 36, rue d'Assas, Paris.

MEURDRA, inspecteur du travail, 10, rue Voltaire, Angers.

HORACE MICHELI, rédacteur au *Journal de Genève*, Landecy, près Genève.

A. MIGUEL DE QUEVEDO, ingénieur des ponts et chaussées, délégué officiel du Mexique.

D. Const. MISCHLER, professeur à l'Université de Graz, Brandhofgasse, 17 (Autriche).

MOLENGRAAFF, professeur à l'Université d'Utrecht (Hollande).

Eugène MOTTE, député, Roubaix (Nord).

A. MOUCHET, inspecteur du travail, boulevard de la Magdeleine, 96, Marseille.

MUENSTERBERG, conseiller municipal de Berlin, président de la direction générale de l'Assistance publique de Berlin.

Rieul PAISANT, avocat à la Cour d'appel, 35, rue Neuve, à Versailles.

Eugène PETIT, docteur en droit, attaché au Ministère du commerce, rue Jules-Janin, 22, Paris.

Henri PETIT, administrateur de la Compagnie centrale de construction de Haine, Saint-Pierre (Belgique).

Von PHILIPPOVICH, professeur à l'Université de Vienne, XIX, Vegagasse, 4, Vienne (Autriche).

Gustave PHILIPSEN, député, professeur à l'Université, Jernbanegade, 6, Copenhague (Danemark).

PIC, professeur à le Faculté de l'Université de Lyon, 15, quai de Tilsitt, Lyon.

PICOT, juge de paix du 3e arrondissement de Paris, 249, rue Saint-Martin, Paris.

Dr Auguste PIEPER, directeur de l'Arbeiterwohl, secrétaire général de l'Office central des Unions populaires pour l'Allemagne catholique, Munchen Gladbach (Allemagne).

Piernas y HURTADO, professeur à l'Université, Caballero de Gracia, 23, Madrid.

René PINON, agrégé d'histoire, 53, rue de Babylone, Paris.

PODBERESKI, de Lithuanie, Vilna (Russie).

POGOJEFF, délégué officiel de la Russie.

Louis POURCINES, ingénieur des arts et manufactures, licencié en Droit, inspecteur du travail, 33, rue de l'Hospice à Nancy.

Paul PRUNET, inspecteur du travail, 52, rue Pargaminières, Toulouse.

QUILLENT, conseiller prud'homme ouvrier, 298 bis, rue de Belleville, Paris.

QUIQUET, actuaire de la Compagnie d'assurance « La Nationale-Vie », 13, rue de Grammont, Paris.

RAFFALOVICH, conseiller d'État, délégué officiel de la Russie, 2, rue Pierre-Charron, Paris.

RAIBERTI, député, 10, rue Frédéric-Bastiat, Paris.

RAVEN, inspecteur du travail, Utrecht (Hollande).

REBOUD, professeur à la Faculté de Droit, 1, place Sainte-Claire, Grenoble.

REICHESBERG, professeur d'économie politique à l'Université et délégué de la « Schweizerische Vereinigung zur Förderung des internationalen Arbeiterschutzes », Berne (Suisse).

REINHART-SCHMIDT, vice-président du Reichstag allemand, Elberfeld (Allemagne).

Arm. RÉSIMONT, directeur de la Société des forges du Nord et de l'Est, Valenciennes (Nord).

Georges RICHARD, manufacture des biscuits Pernot, Dijon.

RUKERT, député au Reichstag, à Zoppot (Allemagne).

Charles RIST, professeur à la Faculté de Droit de l'Université de Montpellier, villa Mireille, chemin de Nazareth, Montpellier.

Emmanuel RIVIÈRE, ingénieur des arts et manufactures, 2, rue Haute, Blois.

Louis RIVIÈRE, 91, rue Jouffroy, Paris.

Richard ROESICKE, député au Reichstag, Tornow bei Postdam (Allemagne).

ROGÉ, administrateur de la Société anonyme des Hauts-fourneaux de Pont-à-Mousson.

Georges ROUSTAN, libraire, 5, quai Voltaire, Paris.

RUSS-SUCHARD, fabricant de chocolat, Neufchâtel (Suisse).

De SAINTE-CROIX, 11, rue des Saints-Pères, Paris.

Mme Berthe SAFFROY, inspectrice du travail, 28, rue de la Trémoille, Paris.

SANGNIER-LACHAUD, ancien élève de l'École polytechnique, président du « Sillon », 77, rue de Vaugirard, Paris.

R. SALEILLES, professeur à la Faculté de droit de l'Université de Paris, 10 bis, rue du Pré-aux-Clercs, Paris.

Charles SALOMON, 34, quai de Béthune, Paris.

SAUVAIRE-JOURDAN, professeur agrégé de la Faculté de droit de Bordeaux.

Henri SAVATIER, directeur de l' « Association catholique », 40, rue de la Cathédrale, Poitiers.

Henri SCHERRER, ancien président du Congrès de Zurich, avocat à Saint-Gall.

Mlle SCHIRMAKER, 53, rue Notre-Dame-des-Champs, Paris.

SCHNEIDER, industriel, 1, boulevard Malesherbes, Paris.

SCHMOLLER, professeur à l'Université, 62, Wormser Strasse, 13, Berlin.

SCHOTTHOEFER, 10, rue de la Bourse, Paris.

SCHULER, inspecteur du travail, Mollis, canton de Glaris, Suisse.

Von SCHULZ, président du Gewerbegericht, Breite Strasse, Berlin.

SCHWIEDLAND, professeur à l'Université de Vienne (Autriche).

Comte L. DE SEILHAC, délégué au service industriel et ouvrier du Musée Social, 5, rue Las-Cases, Paris.

ALEX. SÉPULCHRE, directeur général de la Société Vezin-Aulnoye, Maubeuge (Nord).

ÉDOUARD SÈVE, consul général de Belgique en Angleterre, 317, Milkwood Road Horne Hill, Londres, S. E.

JULES SIEGFRIED, ancien ministre, 226, boulevard St-Germain, Paris.

SOMBART, professeur de sciences politiques à l'Université, Parkstrasse, 21, Breslau.

LÉOPOLD SONNEMAN, fondateur de la « Gazette de Francfort », Francfort-sur-le-Mein.

SOUCHON, professeur à la Faculté de Droit de l'Université de Paris, 22, rue de la Trémoille, Paris.

Dr FRANZ VON SPRUNG, Tegetthoffstrasse, Vienne (Autriche).

Dr STEIN, Francfort-sur-le-Mein.

ADOLPH STOECKER, prédicateur de la Cour, député au Reichstag, 46, Kœniggraetzerstrasse, Berlin, W.

H. W. E. STRUVE, ingénieur, inspecteur du Travail, délégué officiel des Pays-Bas, La Haye.

Dr FRITZ STUDER, Bezirksrichter, délégué de l'Arbeiter-Union de Winterthur, Frollstrasse, 7, Winterthur (Suisse).

SZTÉRENYI, conseiller ministériel au ministère du Commerce de Hongrie, à Budapest.

TARBOURIECH, professeur au Collège libre des sciences sociales, Paris.

G. M. DEN TEX, docteur en droit, p. c., Hoofstraat, Amsterdam (Hollande).

THIERRART, secrétaire-adjoint et délégué de la Confédération générale du Travail, 3, rue du Château-d'Eau, Paris.

CH. TISCHENDORFER, lithographe, 20, Sophienstrasse, Berlin.

A. TOLDT, délégué officiel du Ministère de l'agriculture d'Autriche.

TONIOLO, professeur à l'Université de Pise (Italie).

TOUCHAIS, inspecteur du Travail, 14, rue de Turin, Paris.

TROUBAT, Plombières-lès-Dijon (Côte-d'Or).

HENRI TRUCHY, professeur à la Faculté de droit, 1, boulevard Thiers, Dijon.

MAX TURMANN, secrétaire de la rédaction de l' « Univers », 2, rue Léopold-Robert, Paris.

VAILLANT, député, 15, villa du Bel-Air, Paris.

VALLAS, doyen de la Faculté de Droit de Lille, 90, rue de la Barre, Lille.

VARLEZ, 58, rue des Baguettes, Gand.

H. VEDEL, attaché au Ministère de l'Intérieur, Rosemaujets Ipnevoy, 3, Copenhague (Danemark).

VERDIN, Syndicat des employés du Commerce et de l'Industrie, 36, rue Cler, Paris.

VERHAEGEN, membre de la Chambre des Représentants, président de la Ligue démocratique belge, Meirelbeke lez Gand (Belgique).

VER HEES, chef de bureau à l'Office du travail belge, délégué officiel de la Belgique.

Maurice VIGNES, professeur à la Faculté de Droit de Dijon, 1, rue Guyton-Morveau, Dijon.

André VOIGT, Institut für Gemeinwohl, 1, alte Rothhofstrasse, Francfort-sur-le-Mein.

Paul VOIGT, privatdocent à l'Université de Berlin.

VOISIN, 16, rue de Trianon, Le Perreux (Seine).

Richard WADDINGTON, sénateur, 41, rue François-Ier, Paris.

Léon WALRAS, professeur honoraire à l'Université de Lausanne, 3, square de Georgette, Lausanne (Suisse).

E. WAXWEILLER, chef de bureau à l'Office du travail, 144, rue de la Couronne, Bruxelles (Belgique).

WASSILIEF, professeur à l'Université de Kasan (Russie).

WEGMANN, inspecteur du travail adjoint, Mollis, canton de Glaris (Suisse).

WETTSTEIN, délégué du Schweizerischer Typographenbund, Berne.

A. WILKENS, professeur à l'Université de Copenhague, 20, Dronningensvy, F. Copenhague.

WILLOUGBHY, délégué officiel des États-Unis, department of labor, Washington.

Dr WIRMINGHAUS, Syndic de la Chambre de commerce, Rheingrasse, 8, Cologne.

Otto WITTELSHOFER, IX/2 Pelikangasse, 18, Vienne (Autriche).

Alphonse WORMS, Poxrovka Uspenski, Moscou (Russie).

René WORMS, professeur à la Faculté de Droit de l'Université de Caen.

WORRISHOFFER, directeur de l'inspection des fabriques badoises à Karlsruhe (Allemagne).

ZINTGRAFF, Usine de désargentation, Hoboken-lès-Anvers.

SÉANCES DU CONGRÈS

CONGRÈS INTERNATIONAL

POUR LA

PROTECTION LÉGALE DES TRAVAILLEURS

Séance d'ouverture. — Mercredi 25 Juillet 1900

PRÉSIDENCE DE M. MILLERAND

Ministre du Commerce, de l'Industrie, des Postes et des Télégraphes

La séance est ouverte à 2 heures 1/2.

M. Paul Cauwès, *professeur à la Faculté de droit de l'Université de Paris, président de la Commission d'organisation du Congrès :*

Au nom de la Commission d'organisation du Congrès international pour la protection légale des travailleurs, j'ai l'honneur et l'agréable mission de souhaiter une cordiale bienvenue à tous ceux qui ont répondu à notre appel et d'adresser nos très vifs remerciements aux personnes dont la seule présence au milieu de nous constitue pour notre œuvre le plus précieux encouragement; nous remercions M. le Ministre du Commerce qui a bien voulu venir présider cette séance d'ouverture; nous remercions aussi les gouvernements étrangers qui ont désigné des délégués pour suivre les travaux du Congrès. De nos jours, la sollicitude des divers gouvernements pour les intérêts des travailleurs se manifeste sous des formes si nombreuses et tellement significatives, que nous ne sommes pas surpris mais reconnaissants du nouveau témoignage qu'ils en donnent aujourd'hui. Nous y puisons l'espoir de puissants patronages et d'efficaces appuis au profit de l'Association internationale permanente dont le projet figure à notre ordre du jour et que, très certainement, nous aurons à cœur de constituer. M. le Ministre du Commerce parlant de ce projet, le 1er juin dernier, à la tribune de la Chambre des députés, s'est exprimé à ce propos en des termes qui nous inspirent, en même temps qu'une profonde gratitude, la plus ferme confiance en l'avenir.

Nous avons été heureux de pouvoir vous convoquer en cette maison, à laquelle l'économie sociale est redevable de si grands services ; aussi nous faisons-nous un devoir de remercier la direction du Musée social qui nous l'a ouverte et nous y offre une généreuse hospitalité.

Notre initiative a été accueillie par vous, messieurs et chers collègues, avec une spontanéité et une bienveillance dont nous avons été profondément touchés. Dès la première heure, nous avons trouvé auprès de plusieurs des vétérans de la cause des lois protectrices du travail, un inappréciable concours : l'éminent président de la Conférence internationale de Berlin de 1890, M. le baron de Berlepsch, nous a fait profiter des trésors de sa haute expérience avec la plus gracieuse courtoisie ; M. le professeur Mahaim, le très distingué et si sympathique secrétaire général du Congrès de Bruxelles de 1897, M. le professeur Von Philippovich, M. le conseiller d'État Curti, d'autres encore que je voudrais citer nous sont venus en aide, nous ont facilité notre tâche d'organisateurs. Leur zèle, comme le nôtre, a sa récompense aujourd'hui, puisque vous assistez à cette séance en si grand nombre, venus de tant de pays différents. Puisse l'œuvre à laquelle vous vous êtes associés être féconde en résultats, nous laisser à tous le souvenir d'une grande et bonne chose faite en communauté d'idées et de sentiments.

Dire en quoi consiste notre programme d'études, dégager l'unité fondamentale des questions qui y sont inscrites, c'est, selon moi, le vrai moyen de faire ressortir le but de nos efforts. Si je ne puis décliner cette tâche, pour moi bien lourde, j'ai cependant le regret qu'elle ne soit pas échue à l'un de ceux qui, soit au Parlement, soit au Conseil supérieur du travail, ont traité avec tant d'autorité et d'éclat les problèmes sociaux dont nous allons nous occuper.

La législation du travail est l'une des manifestations sociales qui font le plus honneur à la civilisation contemporaine, car elle dénote le souci qu'elle éprouve d'améliorer le sort de ceux qui, par leur travail, créent tous les éléments de bien-être et réalisent tant de merveilles de force et de beauté. Elle forme un vaste ensemble dont toutes les parties, quoique mal soudées, dérivent d'un même principe de tutelle protectrice à l'égard de la faiblesse, de garantie contre les rigueurs de la destinée. Dans cet ensemble, où figurent les assurances contre les risques personnels auxquels est exposé l'ouvrier, l'hygiène des manufactures, les règles protectrices des salaires, les conditions d'existence et les droits des organisations ouvrières (Syndicats, Trade Unions), notre attention va se concentrer sur l'intervention des pouvoirs publics dans les conditions du contrat de travail : Grand et beau sujet d'études ! (*Applaudissements.*)

Pourquoi, d'abord en Angleterre, bientôt après sur le Continent dans les différents pays industriels, cette longue série de lois successives d'où résulte, dans une mesure inégale sans doute, mais toujours plus large et accompagnée de sanctions plus effectives, la tutelle légale du travail ? Un mouvement législatif si général a de profondes causes économiques et sociales. L'expliquer par une tendance vers ce qu'on nomme, avec une intention dédaigneuse, le socialisme d'État, ou croire qu'il peut venir d'un instinct d'imitation, comme l'histoire de la législation comparée peut en fournir certains exemples, c'est se contenter d'explications superficielles et sans valeur aucune.

De considérables transformations se sont opérées dans l'industrie, non sans causer de cruelles crises de travail, au cours de ce siècle, surtout dans sa première moitié : c'est, avec la locomotion à vapeur, une véritable révolution dans les transports maritimes et terrestres, par suite dans les débouchés : la grande industrie est incitée à s'organiser en vue du marché universel, à réduire ses frais généraux de façon à s'y assurer le succès. En même temps, la force de production est accrue d'une façon inouïe, grâce aux moteurs à vapeur et à l'outillage mécanique qui transforment les conditions du travail : de grandes usines s'érigent de partout, concentrant des centaines et parfois des milliers de travailleurs ; appel y est fait à la main-d'œuvre la moins coûteuse ; les enfants, les femmes pris dans l'engrenage de la production, sont enlevés au foyer, risquant d'être retenus au travail un temps excessif, dans le but de donner à un outillage coûteux le maximum d'utilisation.

Le plus urgent devoir des législateurs fut de soustraire progressivement l'enfant, l'adolescent et la femme aux forces économiques fatales qui pesaient sur eux. Ce fut une tâche longue, laborieuse, qu'on voudrait pouvoir dire achevée. L'ouvrier de huit ans de notre loi de 1841 paraît presque légendaire et pourtant la loi de 1841 constituait un progrès ! Il m'en coûte d'ajouter que, malgré l'œuvre considérable de la troisième République, œuvre dont les années 1874, 1892 et 1900 marquent les principales étapes, nous n'avons pas encore assuré à l'ouvrière, en ce pays où la natalité est cependant si faible, après le redoutable ébranlement de la maternité, le temps de repos nécessaire que les lois de nos voisins suisses, belges, allemands, lui garantissent.

Faut-il dire encore qu'en France et ailleurs, nombre d'individualistes intransigeants, s'ils passent condamnation quant aux lois protégeant les enfants et les filles mineures, persistent à condamner celles qui s'occupent des femmes adultes ; qu'à plus forte raison ils sont absolument réfractaires à toute limitation de durée pour la journée de travail des hommes ; que les lois qui en France, en Suisse, en Autriche, en Russie fixent à cet égard un nombre d'heures maximum, leur semblent des atteintes injustifiables à la liberté des contrats : comme toute autre marchandise, le travail, la force de travail doit, selon eux, pouvoir être cédée à des conditions librement débattues quant à la durée, quant au mode d'exécution, de même que quant au salaire.

Il ne nous a pas paru qu'il y eût le moindre avantage à rouvrir avec eux un débat sur ces questions de principe largement discutées dans des Congrès précédents : à Paris, en 1889, dans le Congrès international sur l'intervention des Pouvoirs publics dans le contrat de travail — Congrès où la part faite à cette intervention fut réduite par la majorité des orateurs à la plus simple expression — ; à Bruxelles au Congrès de 1897 où, au contraire, le courant interventionniste obtint, malgré quelques résistances irréductibles, une prépondérance manifeste.

Ce n'est pas que les questions d'ordre général nous laissent indifférents, mais nous avons pensé qu'il y avait à faire œuvre plus utile qu'à en reprendre indéfiniment la discussion sans chance possible d'entente. C'est qu'en effet aujourd'hui, aux yeux de la plupart, l'idée ancienne du travail marchandise et du contrat de travail absolument libre qui en découle, est une idée barbare. Dans ce contrat, l'ouvrier engage, avec son travail, sa personne, son mode d'existence ; des conditions de ce contrat, dépendent la conservation ou l'épuisement de ses forces et de sa santé. Avec des journées trop prolongées, avec un travail de nuit non réglementé, que reste-il pour la vie intellectuelle et morale, pour les devoirs et les joies de la famille ? L'État lui-même n'a-t-il pas à remplir une tâche de prévoyance sociale et, puisque la valeur de l'homme, du citoyen, les qualités, la perpétuité de la race sont en cause, ne faut-il pas qu'il intervienne pour mesurer d'une façon raisonnable les droits qu'acquiert, en vertu du contrat, celui qui commande le travail ? (*Applaudissements.*) Dans le passé, c'est l'État, c'est la loi générale qui ont eu raison de toutes les tyrannies locales. De nos jours, encore elle est la sauvegarde nécessaire de la liberté humaine. En France, les rédacteurs du Code civil crurent assez faire pour cette liberté en inscrivant dans l'article 1780, « qu'on ne peut engager ses services qu'à temps et pour une entreprise déterminée ». Ils n'avaient pu prévoir qu'avec les transformations du travail dans l'industrie, une série de contrats de durée limitée sans doute, mais indéfiniment renouvelés par l'ouvrier, afin d'en tirer les moyens de vivre, feraient courir à la liberté humaine de nouveaux risques, ceux résultant du surmenage dû à une intensité de travail toute nouvelle. La limitation légale de la journée de travail n'est-elle pas la conséquence rationnelle du régime industriel moderne ? (*Applaudissements.*)

Voilà ce que méconnaissent les individualistes, mais j'oublie, en soulevant ces questions de doctrine que, d'après notre programme même, les considérations de cet ordre doivent beaucoup moins peser dans la balance que « la connaissance des faits, la comparaison des expériences tentées et de leurs résultats ». Veuillez donc m'excuser si je me suis laissé aller à dire mon sentiment sur la légitimité de la protection légale. La question soumise à notre examen est de savoir si elle est nécessaire, bonne et efficace.

Qu'elle soit nécessaire, certains l'ont mis en doute en s'appuyant précisément sur les faits, sur les institutions sociales actuelles. En supposant que naguère la protection dés travailleurs ait dû être demandée à la loi, aujourd'hui elle pourrait et devrait venir d'autres agents. Dans les pays où l'industrie est particulièrement développée, en Angleterre, aux États-Unis, il n'existe aucune limitation légale pour la durée du travail de l'homme adulte, et, cependant, de fait, cette durée y est plutôt moindre qu'ailleurs.

C'est d'abord — il est juste de le constater — que les directeurs d'entreprise y ont spontanément réduit le temps de travail, qu'ils aient été guidés par un pur mobile d'humanité, ou que, comme Lord Brassey, ils aient en outre pressenti que les intérêts de la production commandaient d'être plus ménagers des forces de l'ouvrier. La politique dite des hauts salaires et des courtes journées jouit aujourd'hui d'un légitime crédit dans ces deux grands pays industriels. Ni lord Brassey ni Schœnhof, qui lui ont conquis de nombreux partisans, n'étaient des théoriciens ; c'étaient des hommes d'affaires ayant la charge d'intérêts considérables : leurs expériences ont cependant ruiné le dogme classique de la productivité du travail rigoureusement proportionnelle à sa durée et on ne pouvait certes rendre un plus grand service aux populations ouvrières. Il s'en faut pourtant de beaucoup que la politique des hauts salaires soit, dans les pays où elle a pris naissance, universellement ou même généralement suivie, de façon à rendre désormais inutile l'intervention protectrice de la loi. Et cependant elle y trouvait des conditions exceptionnelles de succès : l'entraînement de l'ouvrier pour un travail d'une grande intensité, l'abondance des capitaux permettant, grâce au perfectionnement de l'outillage, de tirer de ce travail intensif le maximum de productivité. Dans les pays où les capitaux sont relativement rares ou peu entreprenants, où les initiatives sont moins hardies, où la formation industrielle de l'ouvrier reste incomplète, on peut hésiter sur les chances d'avenir du système anglo-américain. Les innovations progressives dues à une minorité des chefs d'entreprise sont incontestablement méritoires, mais peuvent-elles équivaloir à l'action des lois tutélaires ?

Les adoucissements à son sort que l'ouvrier isolé se serait vu refuser, de puissantes organisations, les Syndicats, les Trade-Unions, les ont conquis, tantôt par la voie coercitive des grèves, tantôt par des accords amiables en traitant avec les chefs d'entreprise, de puissance à puissance. Avec une remarquable persévérance, les Trade-Unions ont poursuivi la réduction du temps de travail ; cela n'est pas contestable. On peut seulement douter qu'elles eussent réussi dans la même mesure, si leur action n'avait été précédée, et de beaucoup, par celle des lois protectrices. Le fameux bill des dix heures, de 1847, en faveur des femmes et des enfants, n'a-t-il pas eu cette conséquence indirecte, que le travail des hommes adultes, en fait sinon en droit, a été ramené à la même limite ? Les Trade-Unions ont eu une part dans ce progrès, soit ; mais il ne leur est pas dû tout entier : elles n'ont fait que seconder une évolution que la loi avait préparée. Et, ce qui prouve, mieux encore, qu'entre le trade-unionisme et la législation protectrice, il n'y a aucun antagonisme, c'est, qu'au sein du trade-unionisme, l'agitation en faveur de lois plus fortement protectrices n'a guère eu d'intermittences ; que jamais elle ne s'est produite, avec autant d'activité et de force, que pendant la dernière période décennale, où les Congrès des Unions ont régulièrement voté des résolutions en faveur de la limitation légale. Il semble que le trade-unionisme ait conscience de son impuissance à opérer seul les réformes nécessaires. Peut-être aussi les reproches de particularisme professionnel, d'absence de solidarité que lui adressent les plus populaires de ses historiens, M. et Mme Webb, ne sont-ils pas sans quelque fondement. Ce n'est d'ailleurs qu'une partie des professions qui sont organisées en unions ou qui le sont assez fortement, les autres doivent attendre le salut d'ailleurs. Enfin, en supposant que pour les ouvriers des manufactures, l'action de la loi puisse paraître à certains désormais superflue, du côté des petits métiers et de l'industrie à domicile, s'ouvre une voie où elle doit résolument pénétrer, puisque aussi bien c'est là que se produisent les plus intolérables abus. S'il en est ainsi en Angleterre où les forces ouvrières ont une organisation à la fois plus large et plus forte que sur le Continent, que dire des autres pays ?

La vraie difficulté n'est donc pas de savoir si la législation tutélaire du travail est nécessaire, mais de préciser jusqu'où elle doit aller, où elle doit s'arrêter. A n'écouter que le désir d'alléger la charge souvent accablante des ouvriers, on souscrirait volontiers au programme aussi simple que séduisant des huit heures. Il faut malheureusement, de toute nécessité, faire entrer en ligne de compte des considérations propres à ralentir l'élan vers les solutions les plus radicales. Les esprits réfléchis ont le souci de ne pas amoindrir la force de production : si l'intégrité en était compromise par une trop forte réduction de la journée de travail, ne serait-il pas à craindre que le bien-être général, que les salaires ne subissent une redoutable contraction ? Pour quiconque ne fait pas abstraction des intérêts propres à son pays, une autre question se pose, celle de la force de production relative : ne convient-il pas de mesurer la protection légale avec assez de prudence pour qu'elle ne risque pas de devenir, dans la concurrence internationale, une cause d'infériorité, pour qu'elle ne nuise pas à l'expansion économique de l'État ?

Certes, il est établi qu'il y a dans la force productive du travail une élasticité telle qu'en un moindre temps, elle est susceptible de donner une égale quantité de produits, ou même une plus-value ; mais le bon sens indique qu'il y a une limite à cette élasticité : prétendre que l'effet utile du travail varie en raison inverse de sa durée serait pousser à l'absurde une idée qui renferme un fond de vérité ; il est un minimum de durée de travail, nécessaire au maintien de la force productive. Or, ce n'est pas *a priori* qu'il est possible de le fixer. La méthode qui s'offre à nous est la méthode d'observation : elle impose la recherche en fait, de la durée et du régime du travail pouvant faire obtenir, dans chaque pays et dans chaque catégorie d'industries, le maximum de productivité. Recherche difficile assurément, pour laquelle il faut s'armer de patience et se défendre de tout parti-pris ; mais méthode et recherche indispensables, car c'est moyennant cette condition seulement qu'on peut savoir si l'action de la législation est oui ou non bienfaisante. Nos rapporteurs vont nous présenter une analyse précise tant des mesures légales adoptées dans ces derniers temps que des expériences tentées en ce qui concerne le régime du travail ou sa durée ; nous apprendrons d'eux si les réformes jusqu'ici accomplies ont été suivies d'un resserrement de la production. Ces rapports seront le thème des débats contradictoires de nos séances. Il est présumable que ces discussions reflèteront la diversité de nos tendances générales sur les problèmes sociaux d'ordre économique, tendances qui influent sur notre jugement d'une façon pour ainsi dire inconsciente ; mais elles seront contenues et modérées par l'obligation de compter avec les documents qui pourront nous être fournis de part et d'autre. Malgré cela, il faut s'attendre à ce que telle ou telle partie de la législation protectrice actuelle soit l'objet d'appréciations divergentes : les uns étant tentés de la trouver insuffisante, les autres téméraire. Ces prévisions ne sont pas pour nous troubler, tout au contraire : la difficulté des questions à résoudre, les passions qu'elles excitent, justifient l'opportunité d'un nouvel examen critique de la part des hommes compétents, patrons, ouvriers, fonctionnaires chargés de veiller à l'exécution des lois.

La réglementation légale du travail ne vaut que par l'application qui en est faite. Nous le savons bien en France, où, de 1848 à 1883, la limitation de la journée de travail de l'homme adulte est restée lettre-morte. L'applicabilité des lois ouvrières — si l'on peut s'exprimer ici — suppose non seulement des conditions intrinsèques, c'est-à-dire une adaptation des mesures légales au milieu social et industriel propre à éviter les gênes ou même les impossibilités pratiques, mais en outre la création d'organes de surveillance et de contrôle véritablement efficaces.

Sur les conditions intrinsèques, sur les procédés d'élaboration législative à suivre pour obtenir de bonnes lois, notre programme est muet, et cela à dessein. Ce n'est pas qu'il n'eût été fort intéressant de comparer les méthodes suivies dans les différents pays, méthodes dont l'Angleterre et la France présentent les types opposés : celle de lois fragmentaires, très souvent restreintes à un genre d'industries déterminées et comportant même des distinctions selon les régions ; celle, au contraire, qui nous est familière en France, de lois générales, accompagnées d'exceptions limitativement déterminées. Dans le même ordre d'idées, un important sujet d'examen eût été celui de la part respective de la loi et du pouvoir réglementaire de l'exécutif, si variable selon les pays et les Constitutions politiques. Mais ce sujet se prête plutôt à des études personnelles, à des publications monographiques qu'à une discussion nécessairement un peu rapide ; peut-être aussi eût-il intéressé un peu trop exclusivement les juristes de profession.

Nous avons au contraire inscrit au programme les institutions relatives à l'exécution des lois ouvrières : l'inspection est un organe essentiel qui fonctionne dans les différents pays industriels avec une efficacité croissante. Étudier l'organisation actuelle de l'inspection, les résultats qu'elle donne, les formes diverses qu'elle revêt ou pourrait revêtir, c'est ce que nous avons pensé être du plus haut intérêt pratique.

A propos des deux premières questions du programme : limitation légale de la journée de travail, interdiction du travail de nuit, il nous a paru utile d'appeler l'attention du Congrès sur la possibilité ou les avantages d'une entente internationale. J'ai hâte de déclarer que l'idée d'entente internationale n'implique aucunement l'utopie de l'unification des lois protectrices dont les diversités tiennent à tant de causes réelles : inégalités relatives à la productivité du travail, au degré de richesse ou de développement économique des États ; différences d'institutions politiques, de traditions ou d'habitudes sociales. Pourtant, les diversités actuelles ne sont sans doute pas toutes destinées à subsister ; elles sont certainement moindres que celles qui existaient naguère : l'évolution s'est graduellement faite dans le sens d'un certain rapprochement. On peut donc constater les points de convergence, appeler l'attention sur les formes de réglementation qui semblent arbitraires ; préparer et hâter ainsi peut-être une évolution semblable à celle qui, dans une certaine mesure, s'est déjà opérée... N'est-ce pas de cet espoir que s'était inspirée l'auguste initiative d'où est sortie la Conférence internationale de Berlin de 1890? Et cette initiative a exercé, non seulement une influence nettement déterminable sur le mouvement législatif en plusieurs pays industriels au cours des dix dernières années, mais elle a suscité un éveil d'opinion, un courant réformiste dont plusieurs congrès, notamment les congrès tenus en 1897 à Bruxelles et à Zurich, ont révélé la puissance.

Le Congrès de 1900 ne sera pas à cet égard infidèle à l'esprit de ses devanciers tout en gardant une réserve, commandée par les difficultés ou les résistances d'ordre international, dont il serait vraiment peu sage de ne pas tenir le plus grand compte.

Que poursuivent les congrès internationaux? Un double but : donner tout d'abord aux hommes qu'attirent les uns vers les autres la communauté de leurs études ou de leurs sentiments, l'occasion d'échanger leurs vues, de rechercher pendant quelques jours de fraternelle collaboration les moyens de promouvoir quelque progrès ; c'est, en second lieu, de susciter en faveur des idées ou des solutions qui se dégagent de leurs travaux un mouvement d'opinion qui puisse les répandre et en assurer le succès. Les congrès relatifs aux questions sociales, moins que d'autres assurément, ne peuvent séparer ce second but du premier sans faillir à leur mission. Or, pour cette double tâche, ce n'est vraiment pas assez des quelques séances d'un congrès ; et, même, la périodicité du congrès ne donnerait pas la continuité nécessaire, l'esprit de suite indispensable. Aussi voyons-nous, de divers côtés, se dessiner une tendance à constituer des unions internationales permanentes, des comités permanents les représentant. Entre les congrès successifs, c'est là le trait d'union naturel.

En ce qui concerne la protection légale des travailleurs, un organe permanent s'impose pour des raisons spéciales : la connaissance approfondie des lois protectrices, de leur application, de leurs résultats, suppose un continuel échange de documents, d'informations diverses, d'observations attentives. Ce sont là des études de longue haleine, à mener en commun

avec méthode, avec persévérance, pour suivre le plus près possible les incessants renouvellements de la vie économique.

Rien d'étonnant, en conséquence, si le projet d'une union
internationale pour la protection légale des travailleurs a déjà
toute une histoire et si on en a conçu la réalisation sous plus
d'une forme.

C'est en Suisse qu'est née la notion d'un bureau ou office
international, institution publique, chargée de centraliser les
documents, les statistiques, les renseignements de tout ordre
relatifs à la législation du travail. Une première fois en 1890,
à la Conférence internationale de Berlin et une seconde fois, en
1896, le gouvernement helvétique prit l'initiative de cette création, mais à cette dernière date avec moins de succès encore
qu'à la première : en effet si, en 1890, à Berlin, la proposition
du délégué suisse ne fut pas agréée, la Conférence vota cependant le principe d'échanges entre gouvernements, de relevés
statistiques et d'autres documents concernant la législation du
travail et son exécution sur les points compris dans les résolutions de la Conférence ; au contraire, en 1896, les réponses
faites au gouvernement de la Confédération helvétique, telles
qu'elles sont exposées dans le rapport du Conseil fédéral du
16 janvier 1897, furent des fins de non recevoir, des objections
d'inopportunité venant de la presque unanimité des Puissances.

Néanmoins, le Congrès de Zurich de 1897 crut encore devoir, à l'exemple de congrès antérieurs, solliciter le Conseil
fédéral de renouveler ses tentatives et d'inviter « les États à la
création d'un office international pour la protection ouvrière ».
De plus, le Congrès vota la Constitution immédiate à Zurich
d'une Commission permanente « chargée de préparer les voies
à l'office international projeté ».

A la suite du Congrès de Bruxelles de 1897, une orientation
différente a été donnée à la tentative d'instituer une « association internationale pour les progrès de la législation du travail ».
Les préférences de la plupart des orateurs de ce Congrès
s'étaient manifestées, en effet, en faveur d'une association d'un
caractère privé, et, bien qu'aucune résolution n'ait été votée,
les membres du bureau et un certain nombre de membres du

Congrès se réunirent aussitôt après la clôture ; en conséquence, le Président d'honneur et les membres belges du bureau furent chargés d'élaborer un projet d'organisation. Le rapport de M. le professeur Mahaim vous fera connaître l'économie de ce projet ; ce serait empiéter sur sa mission que de vous en donner l'analyse. Je me borne à dire que l'association internationale grouperait non seulement les bonnes volontés individuelles, mais encore et surtout opérerait une fédération générale des comités nationaux à constituer en chaque grand pays industriel pour l'étude et les progrès de la législation ouvrière nationale ; qu'un comité directeur formé de membres émanant de ces comités nationaux et des délégués officiels des gouvernements, à raison d'un par État, représenterait l'association tout entière. Indépendamment de la Belgique, des groupements provisoires, précédant la formation définitive des comités nationaux, se sont déjà effectués : en Allemagne, M. le baron de Berlepsch a présidé, l'an dernier, à deux reprises, des réunions préliminaires ; un comité provisoire y a même rédigé un projet de statuts ; en Suisse, en Autriche, en France l'impulsion est donnée.

Est-ce exagérer que de voir en tout ceci les premiers acheminements vers une organisation d'ensemble dont l'association internationale serait la consécration ?

Ce qui différencie les deux modes d'organisation de Zurich et de Bruxelles, c'est le rôle assigné à l'intervention des gouvernements. Une association privée solliciterait et ne se verrait vraisemblablement pas refuser leur haut patronage et leur aide sous forme de subventions, mais elle ne demanderait pas, dès l'abord, aux Gouvernements d'entrer en scène, de s'entendre pour une organisation unique, alors que déjà les offices du travail ont ici et là des traditions établies ; elle n'éveillerait surtout pas la crainte d'un contrôle du dehors, d'une immixtion dans le fonctionnement, à l'intérieur de chaque pays, de sa législation ouvrière. Ces considérations vous paraîtront-elles décisives en faveur d'une association d'un caractère privé ? Il ne m'appartient pas de le préjuger.

J'ajoute seulement que cette forme d'organisation plus modeste, dont l'action serait plus indirecte et peut-être moins sensible que celle d'un organe officiel — si tant est qu'on parvînt à le créer — rachèterait, à mon avis, cette infériorité par la possibilité d'étendre davantage par la suite le cercle de ses attributions. Celles d'un office public seront toujours, selon toute vraisemblance, assez jalousement circonscrites à cause des appréhensions des gouvernements. Rien, au contraire, n'empêcherait qu'une association privée, purement scientifique, ne proposât à son activité, au fur et à mesure que ses ressources le lui permettront, tous les buts répondant à son objet. Ce serait un centre d'études permanentes, où pourraient être en premier lieu réunis et publiés, sous forme d'annuaires et de bulletins, et traduits en plusieurs langues, les lois, les documents administratifs, les rapports relatifs à l'exécution des lois ; puis toutes les informations, les enquêtes sur le régime du travail ; il lui appartiendrait en outre ou de dresser des statistiques internationales ou plus pratiquement de déterminer des bases communes pour l'établissement et l'utilisation des statistiques ouvrières de chaque pays ; de provoquer par ses travaux certains courants d'opinion en faveur de réformes législatives ; enfin de convoquer, au moment le plus opportun, des congrès relatifs à la législation du travail.

Assurément, le tableau que je viens d'esquisser est susceptible de maintes retouches ; on peut en élargir le cadre ou le resserrer. On peut aussi augurer qu'une association privée contribuerait à rendre ultérieurement plus réalisable la formation d'un office international public ; elle lui frayerait le chemin et conserverait ensuite après la création de ce nouvel organe un rôle très utile d'initiative et de propagande.

Quoiqu'il en soit, pour le moment, l'essentiel n'est pas de faire grand ; c'est de ne pas nous séparer sans avoir, sous une forme ou une autre, créé un lien permanent entre ceux qui désirent coopérer avec quelque esprit de suite à la connaissance et au progrès de la législation protectrice du travail. C'est, je l'espère, notre vœu à tous : nous n'avons qu'à vouloir et il sera exaucé.

J'ai confiance qu'il le sera ; j'ai confiance aussi que nos travaux trouveront l'opinion publique attentive et sympathique. Je fonde cette confiance sur la composition si large et si variée de cette assemblée : je vois rapprochés ici dans une même pensée d'amélioration et de paix sociale, des ouvriers et des patrons, des législateurs, des hommes d'action et des hommes d'études, apportant les uns leur compétence professionnelle, leur expérience des questions industrielles, d'autres la connaissance et la pratique des questions législatives, tous indistinctement leur zèle pour une cause qu'ils estiment juste et socialement bienfaisante. Les intérêts particuliers de la profession ou de telle catégorie de personnes ne seront pas sans écho dans nos réunions, mais ils ne risqueront pas d'y étouffer la voix des intérêts d'un ordre plus général. Avons-nous eu tort de croire que les questions qui vont nous occuper ne sont pas le patrimoine exclusif d'une classe, mais qu'elles intéressent tous les citoyens quels qu'ils soient, qu'elles sont d'intérêt national et même d'intérêt commun aux peuples civilisés? S'unir entre hommes de bonne volonté, sans distinction de nationalités ou de classifications sociales, comme nous le faisons aujourd'hui, en vue d'alléger — dans la mesure du possible — le sort des travailleurs, n'est-ce pas répondre à un devoir qui s'impose à tous, à un impérieux devoir de fraternité ? *(Vifs applaudissements.)*

M. Millerand prononce le discours suivant :

Mesdames, Messieurs,

Si le devoir du ministre du Commerce et de l'Industrie l'appelle chaque jour, en ce moment, à inaugurer des congrès dont chacun a son importance et son intérêt, j'essaierais vainement de dissimuler qu'en me rendant ici, je n'ai pas obéi seulement aux devoirs de ma charge. Ce n'est pas le ministre seul qui vient inaugurer ce Congrès international pour la protection légale des travailleurs, c'est l'homme, c'est le politique qui est profondément heureux de voir des idées au succès desquelles il a consacré tout ce qu'il avait de force et d'énergie entrer définitivement dans la voie des réalisations et réunir autour d'elles toutes les nations civilisées *(Bravos et applaudissements.)*

Le Congrès d'aujourd'hui marque en effet une date dans l'his-

toire de la sociologie. Quel espace parcouru entre le Congrès
tenu en 1889, à la dernière Exposition universelle de Paris, et
celui qui s'ouvre aujourd'hui ! Les premiers mots de la déclaration de votre comité d'organisation suffisent à indiquer l'abîme
qui sépare les solutions d'autrefois de celles d'aujourd'hui. Au
seuil même de vos travaux, il a tenu à affirmer que le principe
de l'intervention de l'État est mis hors de cause, qu'on ne le
discutera plus et que vous n'allez discuter que d'une seule chose,
qui, certes, a son ampleur : des moyens les plus faciles et les
plus sûrs à employer pour réaliser, pour le bien commun, cette
intervention de l'État reconnue nécessaire. (*Très bien ! très
bien ! Applaudissements.*)

Je dis que c'est là un progrès immense et que cette affirmation suffirait à donner au Congrès qui s'ouvre son caractère
propre. Mais le président de votre comité d'organisation, dans le
discours si substantiel que nous venons d'entendre et où j'ai été
si heureux de retrouver les qualités qui me faisaient suivre avec
tant de plaisir — il y a quelques années hélas ! — les leçons
du professeur de la Faculté de droit, M. Paul Cauwès, a très
bien marqué qu'il ne suffit pas, si important que ce soit, de déclarer que l'intervention de l'État est pour tous les adhérents
de ce Congrès un principe reconnu, il importe d'en poursuivre
l'application.

C'est ici sans doute que les difficultés commencent. Et pourtant elles ont déjà en grande partie été aplanies, car avant que
ce Congrès ne proclamât la nécessité de l'intervention de l'État,
plusieurs puissances, ne se contentant pas de déclarations pla-
toniques, ont fait entrer le principe dans leurs lois et la législation interventionniste compte aujourd'hui de si nombreux documents qu'à vrai dire, pour résoudre les problèmes qui vous
sont soumis, il vous suffira, la plupart du temps, d'étudier les
expériences déjà tentées et, à leur lumière, de marcher hardi-
ment dans la voie qui s'ouvre devant vous.

Est-ce que, en particulier, pour la question de la limitation
légale de la journée de travail, vous n'êtes pas déjà armés d'une
manière tout à fait sérieuse par les législations des divers pays
qui nous entourent? Est-ce que déjà vous n'avez pas sous les

yeux de nombreuses lois qui ont édicté cette réglementation et dont, pour une part, on peut dès aujourd'hui mesurer les effets ? Entre la loi de 1841 dont vous parlait tout à l'heure votre Président et la loi de 1900, entre la volonté du législateur commençant, non sans éprouver d'inquiétude, ni sans rencontrer de résistance, à protéger l'enfant de 8 ans, et la volonté du législateur — je ne parle en ce moment que pour la France — réglant dans de certaines conditions la journée même des ouvriers adultes, quel chemin parcouru ! Dès aujourd'hui, nous avons le droit de dire que cette question de la limitation légale de la journée de travail non seulement est résolue en principe, mais que, pour en poursuivre l'application, pour pousser plus avant dans la voie abordée, nous avons à notre disposition un riche champ d'expériences, une collection très complète de documents législatifs qu'il n'y a qu'à consulter pour savoir ce qui reste à faire, dans quelles conditions et dans quelle mesure. (*Nouvelles marques d'approbation.*)

On vous l'a dit et on a eu raison de vous le dire, la limitation légale de la journée de travail, comme tous les problèmes sociaux, ne peut pas être résolue en n'envisageant la question que d'un seul point de vue ; tous les problèmes sociaux comme celui-là sont éminemment complexes, tous se heurtent à des difficultés de tout genre, impliquent des conditions très variées avec lesquelles il faut compter avant d'adopter une solution. Mais plus nous allons, plus les résultats acquis s'accumulent et plus, laissez-moi le dire, il devient relativement facile de légiférer en ces matières. (*Très bien !*)

Vous allez, Messieurs, étudier cette première question par la méthode qui est la méthode naturelle, nécessaire, qui s'impose en pareil cas, par la comparaison des législations diverses qui se sont prononcées sur ce point. C'est là en effet la raison d'être des congrès internationaux. On peut y comparer des législations qui nées dans des milieux différents se ressemblent pourtant par des traits nombreux et dont la ressemblance même suffirait à démontrer qu'à l'heure actuelle, les conditions du travail, quelles que soient les différences qui peuvent résulter des races et des milieux, sont sensiblement les mêmes sur tous les points du monde civilisé. Sous l'influence de la concentration des capitaux, du développement du machinisme, de l'extension des moyens de transport, le globe, — passez-moi ce truisme, — est aujourd'hui plus petit qu'il n'était et il n'est pas un point où se produise un phénomène sans que ce phénomène n'ait sa répercussion sur tous les autres points du globe. C'est ce qui explique, ce qui légitime, ce qui nécessite les législations internationales.

Avec beaucoup de raison, les organisateurs du Congrès n'ont pas voulu multiplier les questions qu'ils avaient à vous soumettre, mais les trois qu'ils ont choisies ont une importance exceptionnelle. J'ai déjà parlé de la première : limitation légale de la journée de travail. Il suffit, à vrai dire, d'en énoncer le titre pour que tous ceux qui sont familiers avec les questions sociales en conçoivent l'importance.

Il en est de même de la seconde : interdiction du travail de nuit. Le travail de nuit est depuis longtemps déjà dénoncé comme une des plaies du régime capitaliste et partout, en France comme ailleurs, on a vu surgir des propositions demandant que le travail de nuit fût autant que possible diminué et circonscrit, sinon aboli. Nous avons essayé, en France, d'entamer avec les pays voisins des négociations pour arriver à une solution commune. Il n'est pas douteux que les discussions qui vont s'instituer ici sur ce point et que les résolutions que vous prendrez pèseront d'un grand poids dans les décisions à prendre par les puissances intéressées.

Mais ni la limitation légale de la journée de travail, ni l'interdiction du travail de nuit, ni aucun des problèmes qui touchent à la condition des travailleurs ne seraient sérieusement résolues si, après la solution adoptée, on n'avait soin d'instituer un procédé de contrôle : je veux dire une inspection qui assure l'application des mesures auxquelles on s'est arrêté. C'est pour cela que l'étude de la question de l'inspection du travail, des meilleures mesures à prendre pour l'établir et lui donner le développement qu'elle comporte est la troisième des questions inscrites à votre ordre du jour.

C'est une de celles dont, pour ma part, je suivrai les débats avec le plus d'intérêt, car, dès mon arrivée au ministère, elle m'a particulièrement préoccupé. Je suis en effet intimement convaincu que sans une sérieuse inspection du travail, sans un corps d'inspecteurs bien recrutés et comprenant bien leur mission, toutes les lois du travail ne sont que des documents morts, qui ne peuvent servir de rien. (*Applaudissements répétés.*)

Je disais, Messieurs, que sur toutes ces questions vous voudrez — et c'est la caractéristique de cette assemblée — réunir, comparer et condenser les législations des différents pays. C'est tellement l'idée maîtresse de ce Congrès que la question qui termine le programme de ses travaux et qui, j'ose le dire, le domine, est celle de la création d'un office international destiné non seulement à conserver la trace des travaux de ce Congrès, mais encore et surtout à instituer entre les différents pays des relations permanentes de nature à faire profiter chacun d'eux des progrès réalisés dans les autres et à entretenir entre eux une communication non interrompue qui fasse que nulle part il ne puisse être adopté une solution sans qu'elle soit immédiatement connue des autres nations qui s'en préoccupent et cherchent à l'appliquer si elle est bonne.

Je n'ai pas à redire ici ce que j'ai déjà dit dans une autre enceinte : je considère que la création d'un office international privé, telle qu'elle vous est proposée, est de tous points souhaitable.

Pourquoi essayer de le cacher? — la création d'un office international officiel se heurte à toute espèce de difficultés. Les gouvernements — et il ne faut pas le leur reprocher, car ils accomplissent en ce faisant leur devoir — les gouvernements ne peuvent pas résoudre par la voie internationale un problème social quelconque sans avoir à se préoccuper de la répercussion que la solution qu'ils lui donnent peut et doit avoir non seulement au point de vue même des problèmes qu'ils résolvent, mais au point de vue de tous les intérêts dont ils ont la charge. Eh bien, quand des gouvernements — et, je le répète, c'est le premier de leurs devoirs — ont à envisager des conséquences si multiples et si complexes, quand ils ne peuvent pas faire un pas sans se préoccuper de savoir quelles seront les conséquences qu'il aura pour toutes les relations internationales, aussi bien politiques qu'industrielles et commerciales, on a tout lieu de craindre qu'un office créé dans ces conditions ne vive que sur le papier et n'aboutisse que rarement à des résultats efficaces et tangibles.

Un office privé n'a pas de ces préoccupations parce qu'il n'a pas de ces responsabilités. L'office privé n'engage que lui-même et Français, Allemands, Anglais, hommes de tout pays et de toute origine peuvent émettre des avis, proposer des solutions sans autre préoccupation que celle de rechercher, au point de vue même des problèmes à résoudre, quelle est la meilleure.

J'entends bien l'objection. On me dira qu'un office privé ne peut agir que par la voie de la persuasion puisqu'il ne participe pas à la puissance publique et ne peut convertir ses résolutions en décrets ou en lois. Sans doute ; mais en vérité est-ce que nous ne vivons pas à une époque où les pouvoirs publics, quelle que soit la forme du Gouvernement, obéissent en définitive, — et plus complètement qu'on ne le croit, — à l'opinion. Donc l'important, c'est de faire l'opinion. (*Vifs applaudissements.*) Il y a dans chaque nation un petit noyau d'hommes qui, pour une catégorie donnée de questions, sont vraiment les représentants autorisés de l'opinion publique de leur pays. Lorsque ces hommes armés d'informations et de renseignements de toute sorte se réunissent, entrent en contact avec les représentants des autres pays, poursuivant les mêmes études, ayant les mêmes préoccupations, — qu'il s'agisse de la science sociale, de la science médicale ou de toute autre branche des connaissances humaines, — fatalement l'opinion qu'ils représentent se répand, se propage, et quand l'opinion publique est gagnée, les Gouvernements sont bien près d'être conquis.

Voilà pourquoi j'applaudis à l'idée que les organisateurs de ce Congrès ont inscrite dans votre programme, à savoir la création d'un office international privé du travail. J'y vois un rare instrument de progrès social et ce serait pour ce Congrès un grand honneur de réussir à clore ses travaux par l'institution de cet office appelé, j'en suis sûr, à rendre à l'humanité les plus importants services. (*Applaudissements.*)

J'ajoute que si je ne doute pas que le Congrès n'aboutisse sur ce point, c'est que je n'ai qu'à regarder autour de moi pour voir que tous les pays ont envoyé ici ceux qui ont le plus de droits de parler au nom des peuples auxquels ils appartiennent.

Lorsque je vois assis à mes côtés des hommes comme MM. de Berlepsch et Luzzatti, pour ne citer qu'eux, j'ai le droit de dire que d'aujourd'hui, dans ce Congrès, l'entente internationale est faite entre les partisans de la protection légale des travailleurs.

Vous aboutirez parce que vous n'êtes pas seulement des théoriciens, parce que vous n'envisagez pas seulement les problèmes qui se dressent devant vous sous leur aspect purement théorique, mais parce que vous êtes profondément pénétrés de cette vérité qu'indiquait si bien tout à l'heure M. Paul Cauwès ; les problèmes que vous discutez ici ne sont pas des problèmes de géométrie pure, derrière chacun d'eux il y a des intérêts humains, des souffrances humaines, l'homme lui-même qu'il s'agit d'émanciper, d'élever à plus de lumière, de bonté et de justice. (*Applaudissements répétés.*)

Sans ce sentiment d'altruisme et de bonté, vous ne feriez rien. Par lui, vos travaux seront réchauffés et fécondés et les progrès que nous en attendons seront ainsi sûrement réalisés.

C'est parce que je vois réunis dans ce local du Musée social, qui a déjà si bien mérité de l'humanité, tant d'hommes qui préparent l'avenir, qui travaillent à le faire sortir des conceptions et des rêves, qu'au nom du Gouvernement de la République, je suis heureux de vous remercier, messieurs, de vous féliciter de l'œuvre pacifique que vous avez entreprise et que vous allez ici même accomplir. (*Applaudissements prolongés.*)

M. Cauwès donne lecture de la liste des délégués des gouvernements étrangers.

Il est procédé à la nomination du bureau.

Au nom de la Commission d'organisation, M. Cauwès propose :

Comme présidents : MM. de Berlepsch, ministre d'Etat, ancien président de la Conférence de Berlin, Nyssens, ancien ministre de l'Industrie et du Travail en Belgique, de Philippovich, professeur à l'Université de Vienne, Scherrer, avocat à Saint-Gall, ancien président du Congrès de Zurich, Cauwès, président de la Commission d'organisation du Congrès.

Comme secrétaires : MM. Jay et de Seilhac, secrétaires généraux de la Commission d'organisation, Baumé, Blondel, Lecoq, Lichtenberger, Quillent, Souchon.

Ces propositions sont adoptées par acclamation.

Le Congrès décide de constituer immédiatement une Commission internationale qui sera chargée d'élaborer les statuts d'une Association internationale pour la protection légale des travailleurs.

Sont désignés pour faire partie de cette Commission : MM. Apostol, Baumé, de Berlepsch, Curti, Jean Dubois, Fontaine, Mahaim, Mataja, de Philippovich, Scherrer, Sombart, Sztérényi, Toniolo, Waddington, Waxweiler, Willoughby, Cauwès, Jay et de Seilhac.

M. Cauwès annonce aux congressistes qu'ils sont invités à la fête qui sera donnée le 31 juillet à l'Hôtel de Ville par la Municipalité de Paris, et que le banquet du Congrès aura lieu à un des restaurants de la Tour Eiffel le samedi 28.

Au moment où M. le Ministre lève la séance, M. Baumé, délégué de l'Union des Syndicats du département de la Seine, émet le vœu suivant :

« Le Congrès international pour la protection légale des travailleurs,

« Considérant que le Ministre du Commerce a bien voulu présider la première séance de ce Congrès, prouvant ainsi sa sympathie à l'égard de la classe ouvrière, l'en remercie sincèrement,

« En profite pour demander au Ministre du Commerce de déposer à la rentrée des Chambres une proposition tendant à abroger purement et simplement la loi du 14 mars 1872 contre l'Internationale des travailleurs ».

Signé : Baumé, Thierrard, Quillent,

Il est simplement donné acte par le bureau de cette déclaration, aucun sujet de discussion n'étant inscrit à l'ordre du jour de la séance d'ouverture.

La séance est levée à 4 heures moins 25 minutes.

La séance est ouverte à 9 heures et demie sous la présidence de M. Paul CAUWÈS, *professeur à la Faculté de Droit de l'Université de Paris.*

M. le Président. — L'ordre du jour appelle l'examen de la question de la *limitation légale de la journée de travail.*

Vous trouverez des renseignements très nombreux et très intéressants dans les divers rapports qui vous ont été distribués et dans quelques autres qui vous seront remis incessamment.

M. Jay, *professeur à la Faculté de droit de l'Université de Paris.* — Je n'ai pas l'intention de refaire ici le rapport dans lequel j'ai essayé d'exposer l'histoire de la limitation légale de la journée de travail en France. Mais il me paraît utile d'indiquer en quelques mots l'état actuel de la législation française. Notre dernière loi, la loi du 30 mars 1900, est en effet, encore très peu connue. Elle a pourtant une véritable importance. Grâce à elle, dans quatre ans, la journée de dix heures sera appliquée à la grande majorité, environ 80 0/0 des travailleurs industriels de notre pays. Grâce à elle, la législation française se trouve en ce moment, pour la réglementation du travail des hommes adultes, en avance sur la législation de tous les autres pays.

. Pour comprendre la portée de la loi du 30 mars 1900, il faut jeter un coup d'œil en arrière.

Il y a quatre mois toute notre législation relative à la limitation de la journée de travail était comprise dans deux textes : la loi du 9 septembre 1848 et l'article 3 de la loi du 2 novembre 1892.

La loi du 9 septembre 1848 était, à l'époque où elle fut votée, une mesure de réaction. Elle abrogeait les dispositions du décret du 2 mars 1848 qui avait fixé la journée de travail à 10 heures à Paris et à 11 en province. Malgré cela, c'est une loi dont la France a pu longtemps se faire honneur. Elle avait été, en ce siècle, la première à limiter la durée du travail des adultes.

La loi de 1848 limite à 12 heures la durée de travail de tous les ouvriers.

Mais elle ne s'applique qu'aux des usines et manufactures. Que faut-il entendre par ces mots ? La question n'est encore aujourd'hui tranchée que par une circulaire ministérielle du 25 novembre 1885, destinée à servir de guide aux inspecteurs du travail. D'après cette circulaire, il faut entendre par usines et manufactures : 1° les établissements à moteur mécanique ou à feu continu et leurs dépendances ; 2° toute fabrique occupant plus de vingt ouvriers réunis en atelier.

L'article 3 de la loi du 2 novembre 1892 distingue trois grandes catégories de personnes protégées : les enfants des deux sexes âgés de moins de 16 ans, les adolescents des deux sexes âgés de 16 à 18 ans, les femmes âgées de plus de 18 ans.

La durée du travail des enfants est limitée à 10 heures par jour.

La durée du travail des adolescents ne peut dépasser 60 heures par semaine, ni 11 heures par jour.

Enfin, la durée du travail des femmes est limitée à 11 heures par jour.

La loi de 1892 s'applique à tous les établissements industriels, à la seule exception des ateliers de famille.

L'application de l'article 3 de la loi du 2 novembre 1892 souleva les plus vives réclamations. Il est incontestable que la réglementation de la durée du travail dont nous venons d'indiquer les grandes lignes présentait une réelle complication. Est-ce à dire, comme on l'a tant affirmé, que la loi de 1892 fut inapplicable ? Nous ne le croyons pas. Des législations analogues s'appliquent à l'étranger. Avec de l'énergie, de la persévérance, on eut probablement fait entrer peu à peu la réglementation nouvelle dans les mœurs industrielles. Energie et persévérance firent malheureusement défaut. Bientôt, le Gouvernement croyait pouvoir donner satisfaction aux industriels en ordonnant aux inspecteurs de borner leur action à faire respecter la journée de 11 heures.

Cette situation illégale durait encore lorsque le Ministre du Commerce et de l'Industrie actuel, M. Millerand, arriva aux affaires. Elle lui parut regrettable. Il prit des mesures pour la faire cesser. Mais il lui sembla en même temps qu'une réforme législative qui garantirait pour l'avenir des progrès nouveaux et dès à présent consacrerait une réglementation du travail d'une application plus facile à contrôler, serait préférable à l'application stricte de l'article 3 de la loi de 1892. Le sentiment de la majorité de la Chambre des députés et du Sénat était semblable à celui du ministre. De cet accord est née la loi du 30 mars 1900.

La loi de 1900 consacre tout d'abord l'unification de la journée légale de travail de toutes les personnes, quel que soit leur âge ou leur sexe, travaillant ensemble dans un établissement industriel autre qu'un atelier de famille. Échappent seuls à la loi de 1900 les hommes âgés de plus de 18 ans occupés dans des établissements où ne sont employés ni enfants, ni adolescents, ni femmes.

L'unification est faite provisoirement sur la base de la journée légale de 11 heures. Au bout de 2 ans, à partir de la promulgation de la loi, la journée légale sera réduite à 10 h. 1/2 et au bout d'une nouvelle période de 2 ans à 10 heures.

L'unification de la durée légale du travail des diverses catégories de personnes protégées aura évidemment pour effet de faciliter singulièrement le contrôle de l'inspection du travail. Elle était, à ce point de vue, depuis longtemps énergiquement réclamée par les inspecteurs. Mais d'autres mesures ont paru, dans ce même but, nécessaires à prendre. L'application de la loi de 1892 a en effet montré quels abus peuvent être faits des relais ou équipes tournantes. On a vu un trop grand nombre d'industriels essayer de maintenir la marche de leur usine pendant 12 heures sans que la durée du travail des personnes protégées par la loi de 1892 dépassât 11 heures en divisant leur personnel en nombreuses équipes se succédant sur les mêmes métiers, entrant, sortant, se reposant à des heures différentes. On a vu s'introduire ainsi des régimes de travail aussi incompatibles avec tout contrôle sérieux que destructifs de la vie de famille des ouvriers et ouvrières travaillant dans de pareilles conditions. C'est pour rendre désormais impossibles de semblables abus, qu'après avoir unifié la durée légale du travail la loi de 1900 dispose que dans chaque établissement, sauf les usines à feu continu et les mines minières et carrières, les repos auront lieu aux mêmes heures pour toutes les personnes protégées, qu'elle proscrit expressément l'organisation du travail par relais.

La limitation à 11 heures de la journée de travail de toutes les personnes employées dans les établissements mixtes ne souffrira pas de difficultés sérieuses. Il suffit pour s'en convaincre de parcourir les rapports de nos inspecteurs du travail, rapports qui, disons-le en passant, mériteraient d'être plus connus, plus étudiés de ceux qui en tous pays s'intéressent aux questions ouvrières. Ils nous montrent dans les régions et les industries les plus diverses les patrons réconciliés avec la journée de 11 heures parce qu'ils ont dû reconnaître qu'ils pouvaient, avec cette journée, obtenir la même production que dans une journée plus longue, la réduction de la journée de travail n'ayant produit d'autre résultat que d'améliorer le sort des travailleurs.

La réduction de la journée de travail à 10 heures 1/2 dans deux ans et surtout à 10 heures dans quatre ans rencontrera plus de difficultés. Nous comptons que tous les partisans de la protection légale des travailleurs auront à cœur de s'employer à vaincre ces difficultés.

La journée légale de 10 heures apparaît en effet comme une conquête précieuse soit au point de vue économique soit au point de vue social. Nous ne faisons que reprendre en ce moment les paroles mêmes d'un éminent industriel, M. Waddington.

Au point de vue économique, elle aura l'avantage de régulariser la production, de diminuer le nombre et la durée des périodes de chômage succédant à des périodes de surproduction.

Au point de vue social, le travail de 11 heures c'est 13 ou 14 heures passées à l'usine ou employées à y aller ou à en revenir. N'est-il pas temps d'assurer à l'ouvrier un peu plus de loisir pour se reposer, remplir ses devoirs d'homme, de père de famille, de citoyen ?

Cette journée légale de 10 heures, elle semble, d'après les rapports mêmes qui vous ont été distribués — je signale particulièrement, à ce point de vue, les rapports autrichiens et suisses — pouvoir être prochainement réalisée dans plusieurs des grands pays industriels. Elle m'apparaît, en somme, comme la première position que puisse et doive enlever l'armée internationale dont nous essayons ici d'arrêter le plan de campagne et de fortifier les moyens d'action. *(Vifs applaudissements.)*

M. Struve, *délégué du gouvernement des Pays-Bas.*

Tout en demandant pour quelques instants votre attention pour vous communiquer où nous en sommes aux Pays-Bas relativement au sujet qui nous occupe en ce moment-ci, je regrette de ne pas être à même de vous remettre un exemplaire de ma brochure contenant toute la législation du travail aux Pays-Bas. Cette brochure a été écrite par moi, en ma qualité de membre de la Commission Royale spéciale du groupe de l'Économie sociale, cependant tous les exemplaires disponibles ont été remis aux intéressés. J'ai donc prié de me faire parvenir de nouveaux exemplaires, que je mettrai volontiers à la disposition de ceux qui s'y intéressent. En attendant, je me permets de donner un court aperçu des principales clauses de notre législation sur le travail. Elle est entrée en vigueur le 1er janvier 1890, et vise les personnes au-dessous de 16 ans et les femmes de tout âge. La loi se rapporte au travail dans les fabriques et ateliers, y compris les ateliers de moindre importance. Elle stipule que les enfants au-dessous de 12 ans ne peuvent faire aucun travail, en vue d'un métier, que dans les fabriques et ateliers, les personnes au-dessous de 16 ans et les femmes de tout âge ne peuvent pas travailler plus de 11 heures par jour, que dans l'après-midi il doit leur être donné un repos, et que, à part quelques très rares exceptions, elles ne peuvent travailler ni le soir après 7 heures, ni le matin avant 5 heures, ni le dimanche, dans les fabriques et ateliers. Je saute les autres prescriptions, pour fixer l'attention sur les progrès importants qu'ont faits aux Pays-Bas ces prescriptions simples, ayant pour but de limiter la durée du travail. C'est un fait que par l'institution de la journée de 11 heures pour les personnes protégées, celle-ci a été introduite dans bien des métiers. Il va sans dire qu'avant l'application de la loi, cette journée ou une journée moins longue encore, avait déjà été introduite dans différentes fabriques. Après l'application de la loi, toutes les grandes industries où travaillent des personnes protégées et où la journée était de plus de 11 heures, ont décidé de faire travailler le personnel pendant le même nombre d'heures. Cet exemple a été cause que dans plusieurs autres établissements où ne travaillent pas des personnes protégées, on s'y est décidé également, et que peu à peu on apprend à apprécier, tant pour l'ouvrier que pour le patron, la grande utilité de cette limitation de la journée. Je puis ajouter que partout où la journée a été réduite à 10 ou 11 heures, ç'a été toujours à la grande satisfaction des deux parties.

Il a paru aussi aux Pays-Bas, ainsi que, d'après l'honorable orateur précédent, ça paraît être le cas en France, qu'à la longue on ne doit pas dépasser une journée de onze heures au plus si l'on veut observer les intérêts réels des personnes intéressées. Aussi j'ai la conviction personnelle, confirmée par beaucoup de faits, qu'ordinairement un ouvrier normal peut faire en onze heures le même travail qu'en douze heures. A la longue, il fera plus en onze heures qu'en une journée de treize heures, et bien plus qu'en une journée de quatorze heures, qui, je dois le dire à mon regret, se présente encore assez souvent.

Ensuite j'ai la conviction, basée sur les faits, que si l'ouvrier travaille à la pièce, c'est-à-dire si on le paye d'après la quantité de travail qu'il produit, on doit limiter sa journée à dix heures au plus. Cette journée limitée donne, comme l'expérience l'a démontré, la production maxima. Si on limite encore plus la journée, il en résulte ordinairement une diminution de production ; ceci ne pourrait être introduit que dans les branches où la question de concurrence n'est pas un facteur.

Plus d'une fois on prétend que le travail étant beaucoup plus fatigant dans une branche que dans l'autre, il faut en tenir compte dans la pratique pour la fixation de la journée ; ceci me semble moins juste. Mon expérience me porte à croire qu'un forgeron, comme un cigarier, à un travail soutenu, atteignent dans la même journée leur production maxima, et sont aussi fatigués l'un que l'autre. A part que, le plus souvent, les dispositions personnelles du jeune ouvrier lui font choisir et conserver le métier qui est en rapport avec ses forces, c'est un fait qu'à la longue le corps se fait tout à fait au travail qu'il fait, et qu'ainsi, dans les occupations de nature bien différente, la fatigue se fait sentir en même temps ordinairement.

Peu de temps avant l'application de notre loi sur la réglementation du travail, j'eus l'honneur d'être chargé par le gouvernement de visiter les fabriques et grands ateliers aux Pays-Bas. Lors de cette visite, on discutait à la Chambre la loi sur le travail. Les patrons me firent connaître de nombreuses objections concernant la journée de 11 heures. Ils prétendaient qu'on ne pourrait pas maintenir cette journée limitée, eu égard à la concurrence, que par là certaines branches d'industrie cesseraient d'exister, que beaucoup d'ouvriers perdraient leur gagne-pain, que d'autres diminueraient beaucoup quant aux salaires, etc., etc. Rien de ce qu'on craignait alors, ne s'est réalisé, quand la loi a été introduite ; bien au contraire, peu à peu, les patrons comme les ouvriers sont d'avis que la limitation de la journée à 10 ou 11 heures est très désirable. Sous ce rapport-là, nous avons fait bien des progrès. Avant l'application de la loi, j'ai constaté que dans 65 0/0 environ des grands établissements, la journée était de plus de 11 heures. Quatre ans après l'introduction de la loi, cette proportion s'était réduite à 45 0/0 environ pour les mêmes fabriques. Je dois faire observer que ceci a trait aux grandes industries ; dans les industries plus petites, l'ouvrier adulte travaille ordinairement encore 12 heures par jour. Mais quoi qu'il en soit, il me semble que la limitation de la journée à 10 ou 11 heures n'a pas besoin d'être une question internationale, puisqu'il n'en résulte aucune modification quant à la production. Ce n'est qu'une question de caractère national, puisque par là les intérêts d'une grande partie de la population y trouvent leur avantage. A mon avis, la question de savoir si

le législateur doit influer pour assurer à l'ouvrier adulte une
journée maximum de 10 à 11 heures, devra être traitée pour
chaque pays séparément. D'après mon opinion personnelle, le
législateur ne devra s'y décider que quand l'opportunité s'en
manifestera en grand. Seulement quand une telle conception
aura quelque peu pénétré dans les mœurs du peuple, on peut
attendre avec fruit qu'une pareille loi, après sa promulgation,
soit appliquée bientôt, qu'elle ne reste pas seulement sur papier,
mais que tous ceux qui y sont intéressés, contribuent à la maintenir. C'est ainsi qu'on obtient en peu de temps le plus de résultats. *(Vifs applaudissements.)*

M. Bourguin, *professeur à la Faculté de Droit de l'Université de Lille.* — Je me propose, Messieurs, de vous entretenir
des premiers effets, dans la grande industrie du nord de la France,
de la loi du 30 mars 1900 sur la durée de la journée de travail.

La loi du 30 mars 1900 présente ce caractère remarquable de
s'appliquer même aux ouvriers mâles adultes, au moins dans
certaines conditions. On peut par là mesurer le chemin parcouru
en France depuis le jour où, lors de la convocation de la Conférence de Berlin, le gouvernement français demandait que la
question de la limitation du travail des adultes fut expressément
réservée.

La loi s'applique dans tous les ateliers industriels, petits et
grands, sauf les ateliers de famille, où sont employés des enfants
au-dessous de 18 ans ou des femmes : soit 157,569 établissements,
occupant un personnel de 2,148,000 travailleurs (82 0/0 du total
des ouvriers d'industrie).

Il est encore bien tôt pour parler des effets d'une loi qui n'est
en vigueur que depuis quatre mois ; aussi ne saurait-il être
question ici de ses effets sur la régularisation de la production,
la diminution du chômage ou la disparition des établissements
les plus faibles. Mais il est déjà possible d'enregistrer quelques
résultats, notamment au sujet de la production et des salaires.

Je me suis renseigné auprès des patrons, des ouvriers et des
inspecteurs du travail dans les centres industriels du nord de la
France, où les résultats présentaient un intérêt particulier, à cause

de l'importance des industries agglomérées et des longues journées pratiquées dans certaines d'entre elles.

La loi de 1900 contient trois séries de dispositions :

I. — Unification de la journée de travail pour tout le personnel, dans les ateliers mixtes, à 11 heures immédiatement, à 10 h. 1/2 et 10 heures en 1902 et 1904.

En province, la journée de travail dépassait 11 heures dans 27 0/0 des établissements, comprenant 20 0/0 des ouvriers. Dans le Nord, en dehors des usines à feu continu et des industries textiles dont il sera bientôt question, la journée de 11 heures n'est dépassée qu'à titre exceptionnel dans l'industrie du bâtiment, la teinturerie et la métallurgie ; ils subiront désormais la limitation légale là où les ateliers de ces différentes catégories emploient un personnel mixte.

On se demande si le décret du 17 mai 1851, qui affranchit certains travaux et certaines industries de la limitation du travail des adultes à 12 heures, s'applique encore aux ateliers mixtes. Il paraît nécessaire de refondre ce texte suranné, de supprimer notamment la dérogation relative au nettoyage des machines, tout en conservant certaines latitudes en faveur d'industries telles que la fonderie, et de travaux tels que ceux des chauffeurs employés aux générateurs.

Industries textiles

A. — *Peignages de laine*. — (A Roubaix et Tourcoing, 22 établissements, 1,650 peigneuses, 11,500 ouvriers.) — Le travail y est irrégulier. Les négociants en laine qui font travailler les peignages à façon, au lieu d'échelonner leurs achats de laine brute sur toute l'année pour fournir la filature dans la mesure de ses besoins réguliers, font leurs achats en bloc dans les pays d'origine dès le moment de la tonte et imposent aux peignages, de décembre à juin, un travail ininterrompu de jour et de nuit, de manière à couvrir leurs achats par une vente rapide de laine peignée. Après cette période, les deux équipes se partagent le travail de jour qui subsiste seul.

Les peignages, qui travaillaient encore 12 heures au moment

de la promulgation de la loi, grâce au système des relais, ont dû restreindre le travail à 11 heures. Les salaires des ouvriers, tous payés au temps, ont été maintenus, et la production a été réduite exactement d'un douzième, parce qu'en peignage le travail est absolument commandé par la machine. Cependant les peigneurs ne se sont pas plaints, à cause de la stagnation des affaires, qui avait déjà contraint plusieurs d'entre eux à limiter la journée à 10 heures 1/2 et 11 heures.

B. — *Filatures.* — Là, la production est déjà moins étroitement dépendante de la machine.

1° *Filatures et retorderies de coton.* — (Dans l'arrondissement de Lille, 127 établissements, 2,153,000 broches, 18,000 ouvriers). — Le travail des ouvriers du filage y était resté de 12 heures, et, dans la plupart des fabriques, les métiers de la préparation marchaient également 12 heures au moyen des relais. La loi de 1900 a eu pour effet de réduire partout la journée à 11 heures. De là une grève importante dans la région. A Lille, les patrons offraient de maintenir à leur taux antérieur les salaires à la journée, y compris ceux des rattacheurs payés par les fileurs ; quant aux fileurs, leur tarif aux pièces n'était augmenté que de 4 0/0, pour compenser la perte résultant à leur égard de la réduction du travail des rattacheurs. Les fileurs, qui avaient à récupérer $1/12^o$ de la production, ne se contentèrent pas de ces offres ; tous les ouvriers du coton se solidarisèrent avec eux, et 5,000 ouvriers chômèrent pendant 7 semaines. Par un curieux renversement des rôles ordinaires, c'étaient ici les patrons qui prétendaient, contre les grévistes, que les ouvriers étaient parfaitement capables, par une plus grande diligence, de maintenir la production et les salaires.

Les ouvriers durent reprendre le travail aux conditions établies par les patrons. Les résultats obtenus depuis lors s'appliquent à une période beaucoup trop courte pour être concluants, d'autant plus que la perspective des luttes futures en 1902 et 1904 est de nature à peser sur la production. Quoiqu'il en soit, on constate dès maintenant de grandes différences suivant les établissements ; dans quelques rares filatures, la production est réduite de 1/12ᵉ, dans d'autres d'une quotité inférieure et variable ; dans un certain nombre de filatures, au contraire, elle n'a pas diminué.

Ces différences ne doivent pas étonner. Il est bien plus facile, en effet, de regagner la production de l'heure supprimée dans les établissements où le travail est le moins serré, où le temps de l'habillage est compris dans la journée de travail, où le personnel met quelque négligence à l'entretien des métiers, où le matériel de préparation et de filage peut être rajeuni et la qualité de la matière première améliorée, que dans les fabriques où ces progrès ont été déjà réalisés antérieurement. Ainsi, dans une certaine filature, en employant un coton supérieur et en portant la vitesse des broches de 8,000 à 9,500 tours à la minute, on a pu, sur un métier renvideur de 1,046 broches, obtenir 16 kilogrammes 600 de filés nᵒ 93 en 11 heures, au lieu de 15 kilogrammes 500 en 12 heures. L'accroissement de la productivité est aussi plus facile dans les filatures de gros fils, parce que le travail y joue un rôle plus important dans le rattachage rendu plus difficile par la vitesse du chariot, et dans les levées de bobines pleines qui sont plus fréquentes.

Cependant les fileurs, se basant sur l'exemple de l'ouvrier anglais, estiment que partout la production antérieure pourra être retrouvée.

Je regrette que le temps me manque pour parler des ouvrières de la préparation et des fileuses sur métier continu.

2ᵒ *Filatures et retorderies de lin.* — (L'arrondissement de Lille, où s'est concentrée l'industrie française du lin, comprend 90 établissements, 451,000 broches et 22,000 ouvriers.) — Ici la loi de 1900 n'a pas eu d'effet, parce que le travail avait déjà été réduit à 11 heures en conséquence de la loi du 2 novembre 1892, le personnel des filatures de lin se composant en grande majorité de femmes et d'enfants.

Cette réduction s'était opérée après 1892 sans abaissement des salaires, qui sont fixés à la journée. En général, la production était restée la même, grâce à une plus grande exactitude dans le travail et à une amélioration du matériel. Cependant, il y a eu diminution, de 1/24 au maximum, dans quelques filatures, particulièrement dans les plus récentes et les mieux montées.

3° *Filatures et retorderies de laine.* — (A Roubaix et Tourcoing, 176 filatures, 1,143,000 broches, 13,000 ouvriers.) — Au moment de la mise en vigueur de la loi, certaines filatures ne faisaient que 11 heures, à cause de l'état des affaires. Dans les autres, qui faisaient 12 heures avec relais pour le personnel protégé, les résultats de la réduction ont été variables comme en filature de coton, suivant les conditions propres à chaque filature ; les unes ont tout regagné, les autres n'ont pu retrouver que la moitié de la production de l'heure supprimée. Il est vrai qu'en ce moment on ne pousse pas le travail, à cause du ralentissement des affaires.

C. — *Tissages mécaniques.* — La journée y avait été réduite à 11 heures depuis plusieurs années, de sorte que la loi de 1900 ne s'y est pas appliquée. Quant à l'effet de cette réduction sur la production, tous, patrons et ouvriers, dans tous les genres de tissage, toile, calicot, draperies, velours de coton, étoffes d'ameublement, tapis, etc., à Lille, Armentières, Roubaix et Tourcoing, s'accordent à reconnaître qu'il a été nul ; la production en tissage dépend en effet, bien plus du travail humain et bien moins du machinisme qu'en filature. Or, le tisserand, bien que payé aux pièces, est loin de donner son maximum d'efforts : il ne le donne qu'aux époques qui précèdent la fête du pays. La diminution de la journée l'a obligé à intensifier son travail : on dit même, à Armentières, qu'elle a eu pour conséquence indirecte de restreindre l'alcoolisme.

On voit, par ce rapide examen, que les effets du raccourcissement de la journée de travail sur la production sont sensiblement différents suivant les industries et qu'il faut se garder en cette matière des affirmations absolues dans un sens ou dans l'autre.

Il est difficile de prévoir les conséquences de la limitation de la journée à 10 heures et demie et à 10 heures dans 2 et 4 ans. On peut penser cependant qu'en tissage, l'ouvrier maintiendra à peu près sa production actuelle, comme le font prévoir certaines expériences déjà tentées. L'écart avec la production théorique y est souvent encore aujourd'hui de 40 0/0, au lieu de 10 0/0 en filature. Au contraire, il est à craindre qu'on ne puisse regagner que peu de chose en filature ; le travail ne peut être serré, ni la vitesse des broches augmentée indéfiniment. Aux époques prévues par la loi pour de nouvelles réductions du temps de travail, si l'industrie est prospère et que les patrons courent après les ouvriers, le salaire se maintiendra ; mais dans le cas contraire, le salaire journalier des ouvriers sera menacé. En filature de coton particulièrement, on augmente tous les jours le nombre des broches dans la région du Nord, et la surproduction est à craindre.

Bien d'autres industries seront atteintes par la réduction à 10 heures ; mais il m'est impossible d'en déterminer dès à présent les conséquences.

II. — Repos simultanés et interdiction des relais.

Les relais par équipes tournantes, les entrées, sorties et repos successifs pour les différentes parties du personnel, ont disparu partout. La simultanéité des repos n'a soulevé quelques réclamations sérieuses qu'en teinturerie, où les bains de teinture semblent réclamer une certaine continuité du travail. Il sera facile d'y donner satisfaction.

III. — En cas d'organisation du travail par équipes successives, continuité du travail de chaque équipe, sauf les repos.

C'est l'interdiction des équipes chevauchantes ; entre 4 heures du matin et 10 heures du soir, deux équipes ne peuvent donc faire chacune plus de 8 heures de travail effectif. Cette disposition a entraîné la suppression même du travail par équipes pratiqué dans un petit nombre de filatures.

Dans les fabriques de tulle de Calais et de Caudry près Cambrai, deux équipes alternent, travaillant chacune la moitié du jour et la moitié de la nuit. Elles se composent exclusivement d'hommes adultes ; mais, comme dans d'autres compartiments

de la fabrique, il y a des ouvrières de préparation, des finis-
seuses et des plieuses soumises au régime de 11 heures, il s'agit
de savoir si le travail discontinu des équipes est encore autorisé. Les ouvriers tullistes travaillent dans le même établissement que les femmes et enfants ; mais travaillent-ils dans les
mêmes locaux ? Toute la question est là, et les ouvriers qui se
déclarent incapables de fournir un travail de nuit de 11 ou
12 heures, en attendent la solution avec inquiétude. On peut
d'ailleurs mettre en doute que la simultanéité du repos et la
continuité du travail des équipes soient imposés aux hommes
adultes par la loi de 1900, dont l'article 2 ne vise que la limitation du travail journalier.

Pour conclure, la loi de 1900 a réduit la journée des adultes
et supprimé les relais pour femmes et enfants dans les peignages
de laine, filatures de coton et de laine. Elle n'a pas soulevé de
sérieuses difficultés, à part un conflit passager. Nulle part, elle
n'a eu le fâcheux effet de prolonger le travail des enfants, parce
que nulle part il n'avait été abaissé à 10 heures en vertu de la
loi de 1892. Nulle part elle n'a eu pour conséquence le remplacement des femmes ou des enfants par des hommes adultes ; le
salaire serait plus onéreux et l'apprentissage sacrifié. La réduction à 10 heures présentera sans doute plus de difficultés, mais
les patrons ont le temps de prendre leurs mesures, et les ouvriers de s'entraîner à un travail plus productif. Un abaissement
de salaires ne pourra être d'ailleurs qu'une réaction passagère.

Fallait-il attendre ce progrès des efforts coalisés de la classe
ouvrière ? Nos ouvriers de l'industrie textile, à cause peut-être
de la durée excessive du travail, étaient encore trop faiblement
organisés pour l'obtenir. Ils répugnent d'ailleurs à changer leurs
habitudes de travail, et craignent pour leur salaire, sans voir
qu'en définitive ce sont les longues journées à travail relâché qui
font les bas salaires. Cependant, les ouvriers à la journée sont
satisfaits et les syndicats comprennent l'importance de la mesure
pour les intérêts généraux de la classe ouvrière.

Du côté des patrons, les anciennes résistances ont disparu ;
bien loin de partager l'intransigeance des théoriciens du laisser-
faire, ils sont les premiers aujourd'hui à réclamer en grand

nombre la limitation légale de la journée de travail, l'interdiction des relais et des équipes successives, la suppression même du travail de nuit, espérant trouver dans ces mesures législatives un moyen de régulariser la production et de faire obstacle à la surproduction. Les filateurs de lin ont énergiquement réclamé la limitation à onze heures, pour se garantir contre la concurrence des filatures de coton qui pouvaient encore faire douze heures. Les filateurs de coton eux-mêmes la désiraient, sans qu'aucun d'eux se décidât à prendre l'initiative. Il fallait donc une loi qui s'imposât à tous pour protéger les hommes de bonne volonté contre les autres. Aussi est-il nécessaire de veiller strictement à son exécution, aussi bien en Normandie que dans le Nord. Cette loi agit comme un ferment de progrès, obligeant les patrons à améliorer l'organisation du travail et l'outillage, et les ouvriers eux-mêmes à fournir un travail plus dense.

Tout le mouvement de la civilisation nous porte à une diminution progressive du travail journalier. Il ne faut plus que certains États se retranchent dans leur égoïsme capitaliste pour se soustraire à l'obligation morale de raccourcir la journée de travail, et pour profiter, aux dépens de leur population ouvrière, de l'infériorité dans laquelle peuvent se trouver momentanément les pays qui ont pris les devants. Il ne faut pas que l'éternel argument de la concurrence étrangère vienne sans cesse paralyser les efforts des hommes de progrès. C'est aux membres du Congrès qu'il appartient d'agir sur l'opinion publique dans leurs pays respectifs, pour préparer les voies à la limitation du travail à dix heures. *(Vifs applaudissements.)*

M. Luzzati. — En Italie, nous avions espéré au début que l'initiative individuelle, sans l'intervention de mesures législatives, pourrait suffire à réaliser les progrès nécessaires. C'est la thèse que soutenaient les fabricants. Ils ont combattu avec une grande énergie l'adoption des mesures législatives.

Assurément, si les ouvriers étaient des saints et si les patrons étaient des anges, aucune loi n'aurait été nécessaire. *(Sourires.)* Mais il n'en n'est pas ainsi, même en Italie *(Nouveaux sourires)*, et nous avons dû recourir à la loi. Nous avons eu pour nous l'appui des typographes, qui défendaient un intérêt personnel, il est vrai, mais un intérêt qui se trouvait d'accord avec l'intérêt général. Il n'est pas permis de faire fi de telles alliances. En effet nous avons eu d'ardents adversaires, un grand fabricant de drap notamment qui se prétend en même temps philanthrope, et qui a composé tout un ouvrage pour prouver que la loi proposée était un fantôme de mon imagination toujours en ébullition. (*Rires.*)

En proposant cette loi, nous avions surtout en vue de modifier les conditions de travail dans les usines de souffre de Sicile, qui sont une honte de la civilisation. Hommes, femmes et enfants y travaillent ensemble dans une communauté d'horreur.

Nous avons aussi pénétré dans l'enceinte sacrée des drapiers et reconnu que là également l'intervention de la loi était nécessaire.

Dans les filatures de soie, nous avons constaté que les femmes travaillaient 14 et 15 heures par jour. Nous avons demandé la limitation à 11 heures. Nous sommes des réactionnaires par rapport à ceux qui demandent la journée de 8 heures. On est toujours réactionnaire de quelqu'un. Mais finalement nous avons obtenu le vote de la loi, qui est une grande loi de progrès social.

La loi votée, notre fabricant de drap s'est plaint des inspecteurs du travail. Il aurait préféré une loi privée d'agent d'exécution, une loi qui ne s'appliquât pas. Nous n'avons pas été de son avis, nous avons voulu une loi qui s'applique, et c'est cette loi que nous avons.

Les protectionnistes en matière de douanes étaient les adversaires acharnés de la protection du travail. Nous avons estimé que c'était là le renversement des rôles. On comprend que la société puisse ne pas protéger les marchandises; on ne comprend pas qu'elle ne protège pas le travail et les travailleurs.

C'est sur cette inspiration que le chancelier de l'Empire d'Allemagne, le chancelier de fer, a élaboré le plan très philanthropique de la législation internationale du travail.

Nos protectionnistes italiens ont attaqué avec une grande

vivacité ce projet de législation. Ils ont dit qu'il était le produit d'une invention diabolique des Anglais. On peut admettre que les nations aient des sentiments égoïstes, qu'il s'agisse de la France, de l'Italie, et même de l'Angleterre. (*Rires.*) Il est tout naturel qu'une nation qui a une législation du travail très sévère, désire que cette législation soit introduite dans les pays voisins. Mais quel mal y a-t-il à cela ? je dirai pour ma part : Béni soit l'intérêt national quand il est d'accord avec l'intérêt humain !

J'appartiens à un pays où l'industrie commence à se développer. Je vous serai reconnaissant de nous pousser dans la grande voie du progrès par un *compelle intrare*. Je vous serai reconnaissant de donner par une législation internationale à l'ouvrier italien la protection que sa législation nationale ne lui assure pas.

On n'obtiendra des résultats décisifs que par des mesures de législation internationale. (*Très bien.*) J'ai souvent demandé la suppression du travail de nuit dans les filatures de coton. On m'a répondu : Oui, commencez par le faire entendre dans les pays voisins qui nous font concurrence. Tâchez de l'obtenir par voie de législation internationale.

Je crois effectivement que, dans l'avenir, à côté des traités de commerce, et pour leur servir de complément, nous aurons des traités de travail.

Dans ces traités nous introduirons des clauses destinées à établir des compensations de nature à égaliser les conditions des échanges.

Mais je tiens à le déclarer, en terminant, toutes nos expériences auront toujours quelque chose d'incomplet si nous ne nous inspirons pas d'un sentiment très vif de solidarité humaine. C'est en matière de question sociale surtout qu'il faut rappeler cette belle parole que les pensées fécondes jaillissent du cœur. (*Vifs applaudissements.*)

M. Cauwès. — Personne ici ne fait passer la protection des travailleurs après celle des marchandises. Nous sommes tous animés du sentiment de la solidarité sociale. Sur ce point, il n'y a parmi nous aucune dissidence.

Mais, tout en protégeant les travailleurs, on peut, à l'exemple des États-Unis, être amené à penser qu'il y a lieu aussi de protéger les marchandises ; assurer le relèvement des salaires, c'est aussi une manière de protéger le travail. Mais nous ne devons pas compliquer inutilement notre tâche : les traités de commerce et la politique douanière ne sont pas en question. Il est préférable de s'en tenir au mode de protection du travail qui fait l'objet de notre ordre du jour.

M. Luzzati. — Je me suis borné à rappeler ce fait, à savoir que ce sont les protectionnistes les plus ardents qui ont été en Italie les adversaires les plus acharnés des mesures de protection du travail. J'ai dit la vérité aux Italiens, j'ai aussi le droit de la dire aux autres. Je ne discuterai pas la question du protectionnisme aux États-Unis. Est-ce lui qui a relevé les salaires ? Pour ma part, je ne le crois pas, je pense que c'est le perfectionnement du matériel. La question est posée. Nous en reprendrons ailleurs la discussion. C'est, en effet, le propre des économistes d'être très opiniâtres dans leurs sentiments. (*Rires.*)

M. le baron de Berlepsch. — La législation du travail a été établie en Allemagne en 1891.

Pour les enfants au-dessous de 16 ans, la journée est de 10 heures ; pour les femmes, elle est de 11 heures ; pour les hommes adultes, il n'y a pas de limitation.

Nous avons ainsi trois catégories d'ouvriers. Cette variété n'a pas empêché le système d'être applicable.

J'ai été pendant dix ans ministre du Commerce en Prusse. Je puis vous assurer que la législation dont je parle n'a soulevé aucune objection. Elle a été appliquée d'une manière intégrale. Son succès a été rapide et complet.

Je suis convaincu qu'en France, avec de la bonne volonté, on aurait pu de même appliquer la législation antérieure à la loi de 1900.

Cette loi de 1900 est très intéressante. La limitation de la journée de travail à 11 heures est une mesure excellente. La réduction à 10 heures est aussi très bonne et je l'approuve complètement.

Je dois dire que je ne suis pas partisan de l'unification absolue. Je la trouve contraire à la nature des choses. La femme et l'enfant sont dans des conditions trop différentes pour qu'on puisse les soumettre au même régime.

Je crois qu'en France on pourrait aller plus loin pour la protection des enfants. On pourrait interdire tout travail des enfants au-dessous de 14 ans et prolonger la protection jusqu'à 18 ans.

On peut introduire d'autres améliorations. Mais il faut aller progressivement.

J'estime qu'en Allemagne le travail des jeunes gens pourrait être réduit à moins de 10 heures et qu'il serait possible d'admettre pour les adultes, hommes et femmes, le maximum de 11 heures. Je crois que, même pour les adultes hommes, il serait possible de réduire ce maximum à 10 heures.

Pour les enfants au-dessous de 16 ans, on pourrait réduire à 8 heures.

Le législateur allemand n'a pas admis de limitation du travail des adultes. Il s'est borné à réglementer les repos et à édicter le repos du dimanche. Mais il faut tenir compte, en la matière, de l'intervention possible du Bundesrath, qui a le droit de faire des règlements pour la salubrité des ateliers. Il peut limiter la durée du travail des adultes, quand cette limitation est requise par des motifs sanitaires. Ce droit n'est pas resté purement platonique et le Bundesrath en a fait usage en ce qui concerne la boulangerie.

Si, en Allemagne, on n'est pas allé plus loin, ce n'est pas pour des raisons de principe, mais simplement pour ne pas entreprendre trop à fois. Il est en effet meilleur de commencer par des réformes limitées, qu'on étend ensuite lorsqu'elles sont bien entrées dans la pratique. On évite ainsi de compromettre soit l'industrie, soit le salaire des ouvriers.

Aujourd'hui, en Allemagne, après dix ans d'application loyale de notre législation pour la protection des travailleurs, nous pouvons déclarer qu'elle a produit d'excellents résultats sans nuire en rien à l'industrie et sans faire baisser les salaires des travailleurs.

Les déclarations de nos inspecteurs du travail concordent avec celles que rappelait M. Jay. Les résultats ont été les mêmes en Allemagne et en France.

Je crois que le moment est maintenant venu de faire un pas de plus. Il faut limiter la journée de travail de l'homme adulte. Il faut, pour cela, envisager la question au point de vue moral. Il faut assurer à l'ouvrier un temps libre suffisant pour qu'il puisse prendre sa part légitime des joies de la vie, et spécialement des plus grandes de toutes, celles de la vie de famille.

Il faut approuver le gouvernement français d'avoir fait voter la réduction de la journée de travail à 11 et 10 heures.

M. Struve disait que l'opinion doit être préparée à admettre une législation nouvelle avant que cette législation ne soit promulguée. Je ne partage pas cette manière de voir, et l'histoire me donne raison.

Les intéressés ont souvent des opinions préconçues : comme on le disait fort justement tout à l'heure, les ouvriers ne sont pas des saints ni les patrons des anges. Les pouvoirs publics doivent se placer sur un terrain neutre, et rechercher ce qui convient le mieux à l'intérêt de la collectivité. Quand ils ont pris parti sur la solution à adopter, ils doivent l'imposer avec énergie.

Je peux citer comme exemple l'introduction en Prusse de l'impôt sur le revenu, avec déclaration préalable du contribuable. Cette réforme a commencé par soulever d'innombrables réclamations. Puis celles-ci se sont calmées, et la réforme, qui était bonne, est entrée peu à peu dans les mœurs. Il serait excessif de demander que les contribuables payent avec plaisir, mais ils payent sans trop rechigner et d'une manière exacte.

S'il avait fallu attendre une pareille réforme d'un mouvement spontané de l'opinion, je crois qu'on l'aurait attendu longtemps. Ici, en France, cet exemple peut avoir quelque intérêt.

Il ne faut pas subordonner la loi au consentement préalable de l'opinion. C'est ce que nous prouve encore l'exemple de l'Angleterre. Dans ce pays, la limitation du travail des enfants et des femmes s'est heurtée au début à de très vives protestations. Toutes ces protestations sont restées vaines, la législation a subsisté et produit de bons effets,

Il faut persévérer dans cette voie et former non la loi par l'opinion, mais la loi pour l'opinion. (*Vifs applaudissements*).

M. Cauwès. — Il y a encore plusieurs orateurs inscrits.

M. Dron. — Ne pourrait-on pas renvoyer à demain la suite de la discussion ?

Le Congrès décide que la discussion sera renvoyée à la séance de ce soir.

La séance est levée à midi 10 minutes.

Séance du Jeudi 26 Juillet 1900

(SOIR)

La séance est ouverte à 4 heures 1/4 sous la présidence de M. le baron de BERLEPSCH, *ancien ministre du Commerce de Prusse.*

M. le Dʳ Pieper, *secrétaire général de l'Office central des Unions populaires pour l'Allemagne catholique.* — Dans son rapport M. le professeur Dʳ Hitze a exposé la législation ouvrière établie en 1891. Cette législation vient d'être complétée tout récemment. Elle a été étendue à des établissements qui ne tombaient pas sous le coup de la loi de 1891 parce qu'ils ne constituaient pas des fabriques au sens strict de ce mot. Il s'agit des ateliers où l'on fait usage de forces élémentaires : gaz, électricité, etc.

Il resterait encore à l'étendre davantage, en l'appliquant, par exemple, à l'industrie à domicile.

On a songé tout d'abord à régler la question en ce qui concerne la lingerie et la confection. Les difficultés que rencontrent les petits métiers par suite des progrès de la technique, ne permettent pas d'intervenir aussi librement qu'on le souhaiterait. Il est certain cependant qu'un moment viendra où il faudra bien se résoudre à aborder de front la question. Il faudrait aussi étendre la législation première aux établissements de commerce.

Comme complément aux observations présentées par **M.** le baron de Berlepsch, je dirai que, d'après une expérience personnelle en Westphalie et dans la région du Bas-Rhin, la réglementation par catégories du travail des ouvriers n'a pas nui au bon fonctionnement de la loi. On a établi pour les enfants des repos qui permettent de faire commencer leur travail avec celui des femmes.

La législation sur la limitation de la journée de travail n'a eu, c'est l'avis des ouvriers eux-mêmes, que de bons effets. Les salaires, loin de diminuer, ont été augmentés. Il a été d'autre part, introduit dans les procédés de fabrication, de grandes améliorations d'ordre technique.

Les aptitudes de la population ont été augmentées par suite de la nécessité de se livrer à un travail plus intensif.

L'opinion générale est que la journée devrait être réduite à 10 heures. Cette réforme est déjà accomplie sur beaucoup de points, et l'on voit, par expérience, que les ouvriers sont capables de rattraper beaucoup de temps. Il suffit de voir ce qui a lieu lorsqu'ils veulent s'assurer une journée de liberté, pour aller à quelque kermesse.

Les patrons qui ont introduit chez eux la journée de 10 heures n'ont qu'un regret, c'est que leur exemple ne soit pas plus suivi.

Chez les maçons et dans l'industrie du bois, on arrive à une moyenne de 63 heures par semaine. Il a été impossible d'aller plus loin, de l'aveu des organisations ouvrières elles-mêmes. Cela tient à la nature des entreprises (Betriebe) qui sont trop petites. Il serait nécessaire, là encore, d'avoir recours à une intervention du législateur.

L'intervention du législateur, en matière de travail des hommes adultes, est-elle possible ? La journée de 11 heures est un résultat déjà acquis. La journée de 10 serait possible moyennant des améliorations techniques. Le gouvernement n'interviendra pour l'imposer que s'il se trouve en présence d'une forte agitation ouvrière dans ce sens. Si les ouvriers bien organisés poussent énergiquement en faveur de la journée de 10 heures, le gouvernement cédera et l'imposera pour tout le monde, y compris les ouvriers non organisés.

Je tiens à dire, en terminant, que, dans les mines, qui sont l'objet d'une législation spéciale d'Etat et non d'Empire, la journée de 8 heures, y compris l'entrée et la sortie, a été essayée sur divers points avec succès (*Applaudissements.*)

M. de Philippovich, *professeur à l'Université de Vienne.* — En Autriche, depuis 1885, nous avons une législation qui fixe à 11 heures la durée maxima de la journée de travail de tous les ouvriers occupés dans les fabriques.

Quand cette législation a été adoptée, les fabricants ont vivement protesté. Ils disaient, comme les fabricants dans le *Hard Times* de Dickens, qu'ils préféraient jeter leur capital à la mer que d'accepter cette loi. Il n'en a rien été et on n'a eu à déplorer aucune ruine.

La loi de 1885 donnait au Gouvernement la faculté d'établir des exceptions, plus ou moins étendues selon les cas. Maintenant, il n'y en a qu'une seule, en faveur des filatures de soies du sud du Tyrol. Là la journée de travail a continué à avoir une durée de 13 heures pour tous ceux, jeunes et adultes, qui y prennent part. La population est formée des mêmes éléments que la population italienne voisine, qui pratique la même industrie, en travaillant 13 à 14 heures par jour.

M. Luzzati nous a dit que les patrons de la Haute-Italie cherchaient à réduire à 11 heures la durée de la journée de travail. Ce serait très heureux. Si cette limitation de la journée de travail était adoptée dans la Haute-Italie, il est certain qu'elle serait étendue à nos populations tyroliennes.

Les inspecteurs autrichiens du travail constatent dans leurs rapports que la loi est exécutée, que non seulement la durée du travail est réduite à 11 heures, mais que dans beaucoup d'usines, elle est réduite encore davantage. Dans 48 1/2 0/0 des fabriques autrichiennes, la durée du travail est inférieure à 11 heures.

La réduction est plus grande dans les régions purement industrielles, moindre dans les régions rurales.

C'est l'organisation des ouvriers qui a agi sur l'opinion publique, et qui a décidé les patrons à accepter la réduction à 11 heures de la journée de travail. C'est l'organisation qui est la grande force des ouvriers. C'est par elle qu'ils ont obtenu des améliorations de leur condition ; c'est par elle qu'ils les conserveront et les augmenteront. C'est surtout le devoir de la législation de garantir ces progrès, de les défendre contre toute atteinte.

Dans l'industrie textile la durée de la journée de travail était auparavant de 13 et de 14 heures. Elle n'a pas été ruinée par la loi qui a introduit la limitation à 11 heures. Bien plus, il est possible de citer un assez grand nombre de fabriques où l'on travaille, depuis quelques années, moins de 11 heures. Ce mouvement progressif ne cesse de s'étendre. Je viens de lire aujourd'hui qu'à Florisdorf et à Simmering, on ne travaille plus que 10 heures. La législation nationale doit fixer ces efforts privés.

Des conventions internationales pourront-elles aider à diminuer la durée de la journée de travail ?

M. Luzzati a posé la question ce matin et y a répondu d'une manière affirmative.

J'estime, quant à moi, que de pareilles conventions ne seront pas possibles entre des États comme l'Autriche et la Hongrie, et qu'elles le seraient bien moins encore entre des États n'ayant pas entre eux d'Union douanière.

L'Autriche et la Hongrie sont des États indépendants, mais réunis par certaines institutions communes dont la plus importante est l'Union douanière. Les vues sur ce qu'on peut appeler une politique sociale sont bien différentes en Autriche et en Hongrie. Voyez, par exemple, le livre sur la protection légale des travailleurs en Hongrie, qui se trouve entre vos mains. Vous y verrez la copie d'une loi sur les ouvriers d'agriculture (p. 81 et suivantes), dont le contenu est souvent surprenant. Lisez aussi les alinéas 37, 49, 50, 62 et autres. Eh bien, à l'occasion de la prolongation de notre Union douanière avec la Hongrie, les socialistes ont proposé au Parlement, comme une des conditions de la prolongation, que les lois protectrices du travail en Hongrie correspondent à celles de l'Autriche. Ils n'ont pu réussir, il n'a même pas été possible de se rapprocher de ce but.

L'adoption de conventions internationales relatives à la protection du travail présenterait de très grosses difficultés.

Lier la protection des personnes avec la protection des marchandises est un problème fort épineux, et c'est là une combinaison qui ne me paraît pas heureuse.

Je crois que notre association doit plutôt viser, comme le disait très bien hier M. le Ministre du Commerce, à ce que tout progrès réalisé dans un État soit connu dans les autres États, et qu'elle doit s'appliquer à tendre toutes les forces sociales dans ces États, de manière à y assurer l'introduction de ces progrès.

Bornons-nous d'abord à développer les mesures protectrices du travail à l'intérieur de chaque État. C'est par là qu'il faut commencer, et non par l'élaboration de traités internationaux. (*Applaudissements.*)

Nous assistons en ce moment à ce grand spectacle. Nous voyons les États européens se liguer ensemble et prendre des mesures en commun pour se protéger contre le péril apparu en Extrême-Orient. Ils unissent leurs forces dans ce but. Si nous voulons nous défendre avec succès contre les barbares asiatiques, nous devons pouvoir leur opposer des troupes composées d'hommes vigoureux, d'hommes qui ne soient pas exténués par un travail exagéré, par une vie passée entièrement loin de l'air pur, dans les fumées des fabriques. (*Applaudissements.*) Nous devons introduire dans nos États respectifs toutes les mesures nécessaires pour assurer aux ouvriers les avantages d'une vie hygiénique et d'un travail coupé par les repos nécessaires. Il ne s'agit de rien moins que de la défense de la civilisation européenne qui a sa base dans la force physique et morale de nos peuples. Cette défense n'est possible que par l'admission, de plus en plus étendue, de plus en plus complète, d'une législation protectrice des travailleurs. (*Vifs applaudissements.*)

M. Pourcines, *ingénieur des Arts et Manufactures, licencié en droit, inspecteur départemental du travail.* — Nous avons entendu exposer l'état de la législation industrielle dans les pays qui nous entourent. Mais je me souviens que dans le programme d'études qui nous a été distribué, j'ai lu ces mots : Progrès et réformes désirables. Or, jusqu'à présent, il n'a pas été question de ces progrès ni de ces réformes.

Je me propose de combler cette lacune en déposant ici un certain nombre de vœux, que je présente, non seulement en mon propre nom, mais aussi au nom de mes amis, MM. Baumé, secrétaire de l'Union des Syndicats du département de la Seine, et Thierrart, secrétaire-adjoint de la Confédération générale du travail.

Voici ces vœux :

« 1° Le Congrès,

« Considérant que la loi de 1848 combinée avec celle du 30 mars 1900 limite à 12 heures la durée de la journée de travail de l'homme adulte dans les industries n'employant ni femmes ni enfants ;

« Qu'une telle disposition légale n'est plus en harmonie avec les aspirations des travailleurs et les principes de la limitation de la durée du travail,

« Émet le vœu :

« Que la durée de la journée de travail de l'homme adulte travaillant dans des industries n'employant ni femmes ni enfants soit fixée d'après les règles établies par la loi du 30 mars 1900 pour l'homme adulte travaillant dans les industries qui occupent des enfants ou des femmes.

« 2° Le Congrès,

« Considérant que le Décret du 17 mai 1851 rendu en exécution de la loi de 1848 n'est plus en harmonie avec la loi du 30 mars 1900 ;

« Qu'en droit et en fait l'existence de ce décret suranné, ouvrant la porte à tous les abus, permet de tourner cette dernière loi,

« Émet le vœu :

« Que le décret de 1851 soit rapporté et remplacé par une disposition réglementaire tenant compte des nécessités de l'industrie.

« 3° Le Congrès,

« Considérant que la loi du 2 novembre 1892 et celle du 30 mars 1900 réglementent d'une façon positive le travail de la femme et de l'enfant dans l'atelier ;

« Que ces lois ne réglementent point le travail de la femme et de l'enfant fait pour les patrons hors de l'atelier ;

« Que, par suite, des patrons insoucieux de leurs devoirs peuvent impunément violer les lois du travail dans leur esprit comme dans leur texte ;

« Émet le vœu :

« Que la loi vise non seulement le travail fait à l'atelier, mais encore celui fait hors de l'atelier, lorsque ce travail est fait pour le patron.

Et enfin « 4° Le Congrès,

« Considérant que la limitation de la durée du travail ne saurait être poussée au delà de certaines limites, sans diminuer la production du travailleur ;

« Que, d'autre part, les mêmes principes sociaux qui font limiter la durée du travail, exigent aussi que l'on empêche un surmenage corporel ou intellectuel dont les conséquences seraient aussi désastreuses pour l'homme qu'un travail trop prolongé ;

« Que le salaire est par nature et par essence strictement et exclusivement alimentaire ;

« Émet le vœu :

« Qu'une disposition légale fixe le minimum de salaire des hommes, des femmes et des enfants. »

Tels sont, Messieurs, les vœux que nous avons l'honneur de soumettre à votre approbation. (*Applaudissements sur divers bancs.*)

M. Emmanuel Rivière, *ingénieur des Arts et Manufactures, membre de la Commision mixte de l'industrie du Livre.* — Le problème dont j'ai essayé de poursuivre la solution est celui de l'unification de la journée de travail.

Je l'ai examiné au point de vue du principe et aussi au point de vue de l'application aux diverses industries.

Je me suis plus spécialement occupé de deux industries, que j'ai eu occasion de pratiquer toutes les deux, celle des forges et celle de l'imprimerie.

La forge peut fabriquer d'avance. La fixation d'une journée normale de travail apparaît alors, sinon comme extrêmement aisée, du moins comme possible.

Il en est autrement de l'imprimerie, qui, par la nature même de ses produits, ne peut jamais fabriquer d'avance.

L'activité de cette industrie est sujette à des hauts et à des bas, elle est soumise à des variations extrêmes. Ces variations ont le grave inconvénient de faire supplanter l'ouvrier par la machine. Le machinisme est la tendance de l'heure actuelle.

Il n'y a qu'un moyen de remédier au mal. C'est l'application du système de la journée-limite qui, pour moi, doit évoluer entre 8 heures et 10 heures.

Pour chaque industrie, il existe une journée de travail que j'appelle journée limite, et qui est déterminée ainsi qu'il suit: si l'on prend une heure quelconque de cette journée et si l'on calcule le travail produit pendant cette heure, il se trouve très approximativement égal au travail total de la journée divisé par le nombre d'heures de travail de cette journée. En d'autres termes, si cette journée est de 10 heures et que le travail total produit dans ces 10 heures soit de 5 francs, la 6ᵉ, la 7ᵉ, la 8ᵉ, la 9ᵉ, la 10ᵉ heure produiront approximativement chacune 0 fr. 50 de travail. C'est ce qu'on peut appeler la limite d'utilisation de l'ouvrier. Au dessus et au dessous, il y a mauvaise utilisation.

L'idéal à poursuivre, à mon avis, est non l'unification mathématique de la journée de travail pour toutes les industries, mais l'application de cette journée-limite. C'est ce que commandent à la fois l'intérêt de l'ouvrier et celui du patron.

Pour cela, il faut commencer par la déterminer exactement par des enquêtes consciencieuses poursuivies pour chaque industrie séparément.

L'application serait surveillée par des organes comparables à celui qui existe dans l'industrie du Livre sous le nom de Commission mixte patronale et ouvrière. Cette Commission est l'émanation de deux syndicats, celui des patrons, l'Union des maîtres imprimeurs de France, et celui des ouvriers, la Fédération des travailleurs du Livre.

Il serait à désirer que dans chaque industrie on créât de la sorte des Commissions mixtes, des Chambres du travail, composées en nombre égal de représentants des patrons et des ouvriers.

C'est à ces Commissions qu'il conviendrait de confier le soin de surveiller l'application des lois ouvrières. (*Applaudissements.*)

M. Dron, *député*. — J'avais l'intention de déposer des vœux. Mais je voudrais savoir, au préalable, s'ils seront soumis au vote du Congrès.

M. le Président. — Le vote n'est de droit que sur les questions d'ordre intérieur et réglementaire. L'article 9 du règlement est ainsi conçu : Le Congrès ne vote, en principe, que sur les questions d'ordre intérieur et de règlement. Cependant le bureau pourra soumettre à l'approbation du Congrès les vœux qui lui paraîtraient conformes au sentiment général de l'Assemblée.

M. Dron. — Il est certain que le but d'un Congrès comme celui-ci serait manqué, s'il ne lui était pas permis de manifester son sentiment sur les questions qui rentrent dans la sphère de ses travaux.

Mon premier vœu consiste à demander que « tous les États réglementent par voie législative la durée de la journée de travail dans les usines, manufactures et ateliers industriels, pour les hommes adultes comme pour les femmes et les enfants ». (*Applaudissements.*)

En 1890, lors de la Conférence de Berlin, on était fort loin en France d'admettre la limitation de la journée de travail des hommes adultes. C'est une question qui avait été expressément réservée. Depuis on a fait tant de chemin que l'on a voté la loi de 1900.

En Suisse, on a fait quelque chose d'analogue.

Mais il est d'autres pays qui n'ont pas suivi ces exemples et qui n'ont encore rien décidé au sujet du travail de l'homme adulte : l'Angleterre, l'Allemagne, la Belgique.

Il serait temps de proclamer que le préjugé de la liberté du travail de l'homme adulte a disparu. Cette prétendue liberté n'existe pas. L'ouvrier accepte les conditions de travail qui lui sont faites. Il les accepte, mais sans les débattre. Elles sont subies par lui, non acceptées.

Et cependant sa force de travail, si vigoureux qu'il soit, a des limites.

Je constate l'accueil favorable que le Congrès a fait à ce premier vœu.

Le second a pour but l'établissement dans quatre ans de la journée de 10 heures. Des tolérances pourront être accordées, pendant deux mois et pour deux heures, aux industries saisonnières. Mais il sera entendu que, dans ce cas, chaque heure supplémentaire devra être payée moitié en plus que l'heure ordinaire.

J'ai souvent insisté sur cette question des heures supplémentaires, à la Chambre des Députés, auprès de nos collègues de la Commission du travail. Je la considère, en effet, comme étant d'une très grande importance. Mon vœu donne satisfaction aux nécessités de l'industrie, et, d'autre part, il prémunit les patrons contre le danger possible d'un abus des heures supplémentaires.

Mon troisième vœu tend à faire décider que les femmes accouchées ne seront pas admises au travail industriel pendant les quatre semaines qui suivront l'accouchement.

C'est là un vœu que j'ai déjà traduit sous la forme d'une proposition de loi déposée à la Chambre des Députés. On m'a fait une objection. On m'a dit : Si vous interdisez le travail aux femmes accouchées, il faudra leur accorder une indemnité. Et si vous accordez une indemnité aux femmes employées dans l'industrie, vous devrez en donner une semblable aux femmes employées dans l'agriculture. Tout cela, au point de vue financier, pourrait nous conduire assez loin.

J'ai fait des études pour arriver à une évaluation de la dépense.

L'intérêt en jeu me semble, en effet, trop grand pour qu'il soit possible de se laisser arrêter par des objections qui, en définitive, sont de celles qu'on peut résoudre.

Je continuerai donc à poursuivre une réforme que notre honorable président d'hier, M. Cauwès, signalait dans son discours, comme l'une des plus intéressantes qui restent à réaliser.

J'aurais désiré avoir au sujet de ces vœux une manifestation bien nette. Je prends acte que dans sa très grande majorité, le

Congrès a fait un accueil favorable aux vœux que j'ai eu l'honneur de lui soumettre. (*Applaudissements.*)

M. Cauwès. — Les dispositions de l'article 9 du règlement dont il a été donné lecture ont été inspirées par un sentiment de prudence.

Aucun vœu ne sera soumis au vote du Congrès. Nous voulons éviter tout ce qui nous diviserait. Nous voulons seulement dégager les grands principes sur lesquels nous sommes d'accord. C'est affaire à la législation intérieure de chaque État de rechercher les moyens d'exécution. Bornons-nous à la constatation des principes, sans vouloir les enfermer dans des formules inflexibles. Mais la Commission d'organisation a pensé qu'il pouvait être opportun de laisser au bureau un pouvoir discrétionnaire à l'effet de constater et de faire confirmer par l'assemblée les idées qui auront paru obtenir un assentiment unanime ou du moins très général. C'est dans ce but qu'a été rédigé le second alinéa de l'article 9 du règlement.

Par exemple il est clair que le Congrès a déjà manifesté qu'il était en faveur de la journée de 11 heures et par réduction successive de 10 heures.

Le Président, à la fin de chacune des séances, constatera l'état d'esprit du Congrès sur les questions à l'ordre du jour.

Nous conserverons ainsi jusqu'au bout l'harmonie qui fait notre force tout en laissant pleine liberté aux manifestations d'opinions individuelles et nous servirons ainsi d'une manière efficace la cause qui nous est chère à tous, celle de l'amélioration par la loi de la condition des travailleurs. (*Applaudissements.*)

M. Dron. — Je remercie M. Cauwès de ses déclarations auxquelles je me rallie.

M. le Président. — Il y a encore six orateurs inscrits. On a demandé la clôture. On a aussi demandé que chaque orateur ne puisse parler que cinq minutes.

M. Champy. — Je proteste contre la limitation à cinq minutes. Il serait impossible d'exposer quoi que ce soit en un temps si court. Je demande au moins dix minutes, et je tâcherai de me contenter de moins.

M. le Président. — Nous concédons dix minutes à chaque orateur.

M. Champy, *orfèvre, conseiller prud'homme.* — Je demande qu'on mette aux voix le vœu de **M.** Dron, relatif à la journée de dix heures. Cette proposition ne risque nullement de diviser le Congrès. Il s'agit de se prononcer sur une question tout à fait mûre et sur laquelle nous sommes d'accord. Nous, socialistes, nous demandons la journée de 8 heures.

Je voudrais qu'on parlât moins et qu'on prît des résolutions fermes.

Je voudrais aussi que l'on s'occupât du travail des enfants pour décider que jusqu'à 18 ans tout travail de nuit leur sera interdit, et que le travail de jour devra, en ce qui les concerne, être réduit à 8 heures.

En Europe, à l'heure actuelle, on abuse étrangement du travail des enfants, particulièrement de celui des jeunes filles. Sous prétexte d'humanité, surtout dans beaucoup d'établissements religieux, on abuse de leurs forces. On se livre à leur égard à une véritable exploitation.

Je voudrais enfin, en troisième lieu, que le corps des inspecteurs de travail soit composé pour moitié d'ouvriers et d'ouvrières nommés par les syndicats.

Voix nombreuses. — Ce n'est pas à l'ordre du jour.

M. le Président. — La question des inspecteurs n'est pas en effet à l'ordre du jour. Je prie les orateurs de ne pas suivre l'exemple qui vient d'être donné et de ne pas sortir de la question.

M. Reichesberg, *professeur à l'Université de Berne.* — Nous sommes d'accord sur le principe de la limitation de la journée de travail. Nous devons maintenant nous mettre d'accord sur l'application de ce principe.

On a proposé la journée de 11 heures en vue d'arriver à la journée de 10 heures. Mais dans beaucoup d'établissements on est déjà descendu au-dessous de 10 heures.

Il y a des associations ouvrières qui se sont prononcées en faveur de la journée normale de 8 heures.

Nous sommes une assemblée neutre. Nous pouvons nous prononcer librement, sans être suspects de partialité.

Je vous demande de voter à votre tour la limitation de la journée de travail à 8 heures.

Un pareil vote serait une grande force pour le Congrès : elle lui donnerait la confiance des ouvriers.

M. le Dr Max Hirsch, *député syndic de la ligue des Gewerkvereine*. — Je viens, messieurs, parler ici au nom d'organisations ouvrières allemandes qui comptent un très grand nombre de membres (Hirsch Dunckersche Gewerkvereine).

Il faut distinguer entre la protection des femmes et des enfants et la protection des adultes.

Pour les premiers, nous sommes unanimes depuis 30 ans pour demander la protection légale. Je suis de l'avis exprimé par M. le baron de Berlepsch et par M. de Philippovich quand ils demandent qu'on réduise la journée de travail à 8 heures pour les adolescents de moins de 18 ans.

Pour les adultes, nos sociétés sont également unanimes pour demander la journée de 10 heures comme maximum.

Les divergences d'opinion n'existent que sur les moyens à prendre pour atteindre cette limite.

Nos associations ne sont pas hostiles à l'intervention de l'État quand il n'y a pas d'autre moyen d'aboutir.

Elles ont parfaitement accepté la loi sur le repos du dimanche.

Mais, d'autre part, elles sont pénétrées de l'idée qu'il faut conserver à l'esprit d'association toute sa vigueur.

On n'a pas assez insisté sur la puissance extraordinaire de l'association pour améliorer le sort des travailleurs.

Il faut en tenir grand compte et se garder de l'affaiblir en abandonnant tout à l'État.

Dans certaines industries on a déjà la journée de 9 heures et même de 8 heures. On le doit non à la loi, mais à l'action des ouvriers librement associés.

Gardons-nous de nuire à l'esprit d'association en privant celle-ci de son rôle.

En Allemagne, en 10 ans, la journée de travail des adultes a été réduite de 2 à 3 heures. On le doit à l'association.

Il ne sera pas facile en Allemagne d'obtenir de la loi la journée de 10 heures. Dès lors, au lieu de s'épuiser en pétitions, en vœux, en projets, il est bien plus pratique de se grouper en associations nombreuses et solides. Par là, nous atteindrons directement le but poursuivi.

On a demandé au Congrès de se prononcer en faveur de la journée de 8 heures. Je suis opposé à cette proposition. Des votes précis seraient sans valeur, puisque les Français sont ici en majorité et que ce qui peut convenir dans leur pays peut ne pas convenir dans un autre.

La seule chose qui importe en ce moment c'est que nous nous sentions bien unis pour une œuvre commune, celle de la protection et l'amélioration du sort des travailleurs. (*Applaudissements.*)

M. Bonnard. — Il faut tenir grand compte des différences existant entre les professions. Il faut introduire la notion de la journée graduée. Une certaine marge serait laissée aux patrons pour les heures supplémentaires, qui d'ailleurs, en certains cas présentent de l'utilité pour les ouvriers.

La journée doit être graduée selon la nature, l'intensité, les risques du travail. De plus, elle doit être margée.

Une durée unique de la journée de travail est une conception irréalisable et inadmissible.

M. Gouttes, *inspecteur divisionnaire à Bordeaux.* — J'ai l'honneur de déposer sur le bureau du Congrès, un travail sur la limitation légale de la journée de travail.

Ce travail se termine par le vœu que les nations fixent à 10 heures la durée légale du travail de jour comprise entre 3 heures du matin et 9 heures du soir ; que le maximun de travail effectif soit fixé à 14 heures coupées par au moins 2 heures de repos ; que le rapport entre la rémunération du travail légal et celui exécuté entre les limites extrêmes, soit proportionel à la durée totale de ce travail et qu'à titre d'indication, le Congrès le fixe à 1 fr. 25 pour une durée totale de travail de 10 à 12 heures et à 1 fr. 50 pour une durée de 12 à 14 heures. (*Applaudissements.*)

M. Jay. — Le bureau a reçu un vœu de M. Thierrart, présenté au nom de la Confédération générale du travail.

Ce vœu tend à l'établissement de la journée de 8 heures et à la fixation d'un minimum de salaire. Il est conçu en ces termes :

« Le Comité confédéral général du Travail des Syndicats, des Fédérations locales, départementales et nationales ouvrières de France ;

« Considérant que la réduction des heures de travail pour tous les travailleurs des deux sexes introduirait l'ordre dans le désordre économique d'aujourd'hui, et qu'elle préparerait en même temps la voie de l'émancipation de demain ;

« Considérant que c'est par un travail exagéré, exténuant, que l'on prive le producteur de ses droits et qu'on l'empêche de penser à ses devoirs ;

« Considérant que ceux qui pourraient craindre que la production française ne subisse un dommage au point de courir le risque de se ruiner, en acceptant le régime de limitation légale des heures de travail, peuvent, en étudiant les statistiques de tous les pays, constater que les pays où l'on travaille le moins d'heures sont les pays où l'on gagne le plus ;

« Considérant que, dans l'état actuel des choses, 45 0/0 des travailleurs sont inoccupés aussi bien dans l'agriculture que dans toutes les branches de l'industrie ;

« Considérant que cette surabondance de bras toujours prêts

à s'offrir contribue à faire diminuer les salaires de ceux qui travaillent encore ;

« La Confédération générale du Travail, par la voix de son délégué, propose que la loi de 8 heures de travail soit appliquée dans toutes les branches d'industrie de France ;

« Attendu que la journée de travail limitée à 8 heures pour les travailleurs des deux sexes et de tous âges laisserait au travailleur le temps de s'instruire, ce qui lui est impossible avec le surmenage actuel ;

« Attendu qu'en Angleterre et en Amérique, de même qu'en France (dans une des branches les plus actives, au Ministère des Postes et Télégraphes, par exemple), la loi de 8 heures de travail est commune à l'ensemble de tous les producteurs de ces divers pays —, qu'il est donc possible à MM. les industriels, directeurs d'administrations civiles ou de l'État, en appliquant cette loi de 8 heures de travail journalier, de remédier à la situation déplorable qui est faite aux producteurs ;

« Attendu que, pour éviter tout désaccord entre le producteur et l'employeur, il faut d'urgence assurer les moyens d'existence à tous les êtres humains,

« Le Congrès reconnaît :

« 1° Qu'il y a lieu d'élaborer immédiatement une loi sur la fixation d'un minimum de salaire pour tous, en rapport avec les prix de vente des denrées dans les différentes régions intéressées ;

« 2° Qu'il y a lieu de pourvoir ensuite à l'application de la loi de 8 heures de travail pour tous.

« Le Conseil confédéral, tout en fixant le maximum de la journée de travail à 8 heures, ne considère pas que ce maximum soit définitif ; il l'envisage comme une revendication momentanée susceptible d'être modifiée par les progrès de l'évolution vers la société future, dont la devise est : « Tous pour un, un pour tous. »

M. le Président. — La discussion est close.

Je constate qu'à la presque unanimité, les orateurs se sont prononcés pour la réglementation du travail des hommes adultes et pour la fixation d'une journée maxima de 11 heures, avec la perspective de réduire cette durée à 10 heures dans un délai pas trop long.

La séance est levée à 7 heures moins vingt minutes.

———————

Séance du Vendredi 27 Juillet 1900

La séance est ouverte à 9 heures 1/4 sous la présidence de M. Scherrer, *délégué du gouvernement suisse.*

M. Jay. — La question à l'ordre du jour de la présente séance est celle de l'interdiction du travail de nuit.

Il y a sur cette question un certain nombre de rapports, qui vous ont été distribués.

Il y a aussi une publication d'un très grand intérêt qui vous a été également distribuée. Je veux parler du recueil des rapports des inspecteurs du travail français qui ont été rédigés expressément en vue du Congrès sur l'ordre de M. le Ministre du Commerce.

En prescrivant la rédaction de ces rapports, M. le Ministre a voulu donner une nouvelle preuve — et elle nous est particulièrement précieuse — de l'intérêt qu'il porte au Congrès. Je lui exprime en votre nom tous nos remerciements (*Vifs applaudissements.*)

M. P. Pic, *professeur de législation industrielle à l'Université de Lyon.* — La question de l'interdiction du travail de nuit est loin d'avoir l'ampleur de celle que nous avons examinée hier. Elle est une simple application des principes de la législation du travail.

Nous examinerons successivement cette question au point de vue des enfants et des femmes, puis au point de vue des adultes.

Travail des enfants et des femmes. — Les textes principaux sont : la loi du 2 novembre 1892 (art. 4 et 6) et le décret réglementaire du 15 juillet 1893, modifié par le décret du 29 juillet 1895.

La loi du 19 mai 1874 sur le travail des enfants et des filles mineures dans l'industrie interdisait le travail de nuit aux mineurs de 16 ans et aux filles mineures dans les usines et manufactures. Les dispositions de cette loi ont paru insuffisantes : 1° en ce qu'elle ne s'appliquait pas aux ateliers ; 2° en ee qu'elle ne protégeait pas les enfants au-delà de 16 ans, et 3° en ce qu'elle autorisait le travail de nuit des filles mineures dans les usines à feu continu et le travail de nuit des femmes majeures sans aucune limitation.

La loi de 1892 a fait droit à ces critiques et posé le principe de la prohibition absolue du travail de nuit pour les enfants mineurs de 18 ans, les filles mineures et les femmes.

Il n'a été apporté au principe que des exceptions limitées, à savoir trois exceptions permanentes et trois exceptions temporaires (art. 4, § 2 ; art. 4, § 4 et 6 ; art. 4, § 4 ; art. 4, § 6, et art. 4, § 7.)

L'application de la loi, en ce qui concerne le travail de nuit, a été satisfaisante. Elle n'a donné lieu qu'à deux critiques sérieuses concernant l'une les relais et équipes, l'autre les veillées.

Il est vrai qu'il faut ajouter à ces griefs un grief beaucoup plus grave, parce qu'il est d'ordre général. La loi de 1892 ne s'occupe que des ouvriers et ouvrières de l'industrie. Les négociants n'y sont pas soumis et ils peuvent retenir, il arrive trop souvent, qu'ils retiennent leur personnel féminin ou les enfants qu'ils emploient au-delà de 9 heures du soir. Il y a là une lacune grave dans notre législation contre laquelle on ne saurait trop s'élever.

La loi du 30 mars 1900 a interdit le travail par relais, le travail par équipes alternantes, supprimé dans les usines où le travail s'effectue par équipes successives, la tolérance d'après laquelle le patron pouvait faire commencer le travail de la 1re équipe à 4 heures du matin et prolonger celui de la 2e jusqu'à 10 heures du soir, pourvu que chacune d'elles ne fournit pas plus de 9 heures de travail effectif, et enfin établi que le repos doit avoir lieu aux mêmes heures pour tout le personnel dans les établissements qui ne pratiquent pas le système des équipes, ou pour le personnel de chaque équipe dans les usines qui font usage de la faculté accordée à cet égard.

La question du travail des enfants et des femmes dans les magasins n'a pas été touchée : elle est réservée.

Travail des adultes. — Le travail de nuit des adultes est resté complètement libre.

En résumé pour la réglementation du travail de nuit des femmes et des enfants, dans l'industrie manufacturière tout au moins, la législation française est plutôt une législation d'avant garde.

Pour l'adulte au contraire elle est restée dans une grande réserve. Elle a été arrêtée par de graves raisons relatives à la concurrence internationale.

Pour qu'elle sorte de cette réserve, il faudrait qu'une entente entre les principales nations industrielles préparât l'adoption d'une législation uniforme sur la matière.

C'est à faciliter cette entente que doivent tendre tous nos efforts. (*Vifs applaudissements.*)

M. le Dr **Max Hirsch**. — J'ai fait sur la question que nous discutons un rapport détaillé qui ne nous a malheureusement pas encore été distribué. Il le sera incessamment.

Je voudrais profiter de ce que je suis à la tribune pour faire une petite rectification. Un journal m'a reproché d'être hostile à la plupart des mesures interventionnistes qui ont été proposées. C'est une erreur. Je me suis prononcé en faveur de toutes les mesures d'intervention qui ont été proposées, sauf une. Il serait tout à fait inexact de prétendre que je suis l'adversaire de toute intervention de l'État.

Dans mon rapport imprimé, j'ai traité la question du travail de nuit surtout quant à l'Allemagne. J'ai examiné les conséquences du travail de nuit au point de vue hygiénique, intellectuel et économique, j'ai décrit, en les divisant en quatre groupes, les législations des divers États sur la question, enfin j'ai indiqué les projets de réforme. Je me permets de renvoyer mes auditeurs à ce rapport.

Je n'insisterai pas sur les conséquences du travail de nuit, que je considère comme très mauvais pour les ouvriers, et comme très inférieur au travail du jour (il ne rend que 60 à 75 0/0 par rapport à ce dernier), je n'insisterai pas davantage sur la législation : je me borne à rappeler que l'Allemagne fait partie du groupe d'États qui ont interdit le travail de nuit aux enfants et aux femmes, mais qui le permettent aux hommes adultes. C'est le stade où se sont arrêtés la plupart des États de grande industrie. Un seul de ces États fait exception, la Suisse, qui a interdit le travail de nuit d'une manière absolue pour tout le monde. La législation allemande a sa source principale dans la loi de 1891.

J'insisterai un peu plus sur les réformes à introduire.

La législation de 1891 n'est pas une législation définitive. Elle constitue simplement un point de départ pour des améliorations ultérieures.

Il faudra tout d'abord conserver les prohibitions concernant les enfants et les femmes.

Pour les enfants, la loi n'a pas à s'occuper d'eux jusqu'à 14 ans. Jusqu'à cet âge, en effet, ils doivent être à l'école. Elle les protège alors jusqu'à 16 ans. Il est permis de penser que c'est là une protection insuffisante. Elle devrait s'étendre jusqu'à 18 ans et même jusqu'à 20. La période qui s'écoule entre la 16e année et la 20e est une période de croissance et de développement qui joue un rôle capital dans la formation de l'individu. C'est un âge délicat et qu'on ne saurait entourer de trop de précautions.

Mon honoré collègue M. de Berlepsch a déjà parlé de la réduction à 8 heures du travail des adolescents. Cela est surtout vrai pour le travail de nuit : 8 heures de travail de nuit représentent sûrement plus de 10 heures de travail de jour.

Une autre vice de la législation allemande sur notre matière, c'est l'abus des exceptions.

Ces exceptions sont le revers de la médaille des législations ouvrières. Je ne nie pas qu'il n'en faille quelques-unes. On doit bien laisser à la loi une certaine élasticité. Mais on va beaucoup plus loin. Les exceptions submergent la règle.

C'est une question de savoir si l'on ne devrait pas recourir à une convention internationale pour extirper définitivement cet abus des exceptions.

En ce qui concerne les femmes, le travail de nuit leur est interdit d'une manière absolue à tout âge. Ce principe est excellent. Malheureusement, ici encore, nous rencontrons trop d'exceptions.

Nous rencontrons le fameux § 138 *a* de la Gewerbeordnung permettant de faire travailler les femmes jusqu'à 10 heures du soir, en cas de travail pressé. Cette mesure équivaut à obliger les femmes à accomplir des journées de travail d'une durée de 13 à 14 heures. Elle est pernicieuse au point de vue du maintien de la vie de famille, qu'elle prive des soins de la mère surtout pendant la soirée.

Quant au travail de nuit des adultes, il ne peut être réduit ou supprimé que grâce à l'influence des associations, agissant à titre privé, soit par voie de coalition contre les industriels, soit par voie d'entente avec eux.

La pratique a montré la vérité de cette affirmation.

En Allemagne, les typographes ont élaboré en 1895 un règlement et un tarif qui sont comme la charte de leur profession. Cet acte prévoit le travail de nuit. Les ouvriers imprimeurs qui sont parmi les plus radicaux des ouvriers de l'Allemagne n'ont pas voulu la suppression par voie législative du travail de nuit. Ils ont préféré le réduire et le limiter par leur initiative propre, par une décision émanée de leur volonté. Ils ont décidé que pour le travail de nuit l'heure leur serait payée de 30 à 50 cents de plus par heure que le travail du jour. Ils ont décidé, en outre, que le travail de nuit, ainsi rétribué, ne pourrait se prolonger au-delà de minuit.

Voilà un exemple remarquable des résultats qui peuvent être obtenus par la force de l'association.

Il faut poser en principe que l'on doit procéder, en premier lieu, par la voie de l'initiative privée. C'est seulement à titre subsidiaire qu'il doit être fait appel à l'intervention de l'État. L'État cependant a le droit et le devoir d'intervenir en cas de besoin.

Il serait à désirer que l'État intervint pour édicter que tous

les huit jours, les équipes ·de jour et de nuit devraient alterner.
Chaque équipe pourrait ainsi se reposer une semaine à tour de
rôle.

Il serait également à désirer, et ceci est plus important encore, que pour les adultes hommes le travail de nuit fût réduit
à huit heures. Je suis pour la journée légale de huit heures
quand il s'agit du travail de nuit.

Nous sommes ici tout à fait sur le terrain qui nous a réuni.
Nous cherchons ensemble les moyens pratiques d'assurer le
progrès social. Il serait très heureux que nous puissions arriver
à établir entre les législations des divers pays une certaine uniformité en ce qui concerne le travail de nuit. Je ne demande
pas une législation uniforme applicable dans chaque pays indif-
féremment. Non, je demande des législations indépendantes,
mais s'inspirant toutes de certains principes communs.

Je souhaite qu'il soit donné à l'Allemagne d'élaborer, d'ici
au prochain Congrès, une législation du travail de nuit qui mé-
rite de servir de modèle aux pays voisins.

Mon ami Philippovich a parlé de l'union des États européens
contre la barbarie asiatique. Ces États ont des intérêts communs.
Ils doivent éviter de gaspiller leurs forces en luttes intestines.
Ils doivent au contraire développer toute leur énergie en vue
de la production économique et de la défense collective.

Ils doivent pour cela se préoccuper avant tout de s'assurer
une pépinière de générations ouvrières saines, robustes, vigou-
reuses. Ces ouvriers sont la richesse des nations.

Abuser de leurs forces, nuire à leur santé, c'est mettre son
pays en état d'infériorité dans la grande lutte internationale.
Au contraire, prendre des mesures efficaces pour assurer la
protection des travailleurs, c'est l'œuvre à la fois la plus pa-
triotique et la plus humaine. (*Vifs applaudissements.*)

M. Laporte, *inspecteur divisionnaire du travail à Paris.*—
Je voudrais dire un mot des veillées, en me plaçant au point de
vue de deux industries où cette institution existe à l'état permanent. .

Il s'agit d'abord du pliage des journaux. Ce travail ne peut se faire que de nuit. Mais est-il nécessaire qu'on y emploie des femmes ? On a inventé des machines pour faire le pliage d'une manière automatique. Il suffit de généraliser l'emploi de ces machines.

Il s'agit également du brochage des imprimés.

Cette industrie est surtout active au moment de l'envoi des catalogues des grands magasins de nouveautés. Ceux-ci tiennent leurs catalogues cachés jusqu'à la dernière heure pour dépister leurs concurrents, et les font expédier en coup de feu.

De là des veillées très prolongées, et pour les ouvrières qui font ce travail un surmenage très fâcheux.

Comment remédier au mal ! Mon Dieu ! Ce serait bien simple. Il n'y aurait qu'à se moins presser. Y aurait-il vraiment lieu de considérer comme un malheur public le fait que les catalogues en question seraient arrivés 48 heures plus tard à Londres ou à New-York ?

La seconde industrie que j'ai en vue est celle de la mode.

Les couturières et les modistes ne sont pas libres de travailler à leur heure. Elles ne peuvent pas choisir leur moment. Elles attendent les commandes que fait la clientèle. Or cette clientèle est implacable. Quand une femme commande une robe ou un chapeau, elle veut l'avoir le lendemain ou le surlendemain. Il n'y a qu'une ressource, c'est de passer la nuit. Grâce au subterfuge du travail de nuit toléré jusqu'à 11 heures, on travaille jusqu'au lendemain.

A la veille du Grand-Prix, le travail se poursuit jour et nuit sans interruption.

Il faudrait pour éviter cet abus que la clientèle fût moins exigeante. C'est là ce que chacun de nous doit se dire à soi-même.

Une autre réforme qui serait très bonne, ce serait d'ouvrir certains ateliers le matin à 8 heures au lieu de 9. On pourrait de la sorte, le soir, sonner le couvre-feu à 9 heures dans tous les ateliers.

C'est là une question qui vaut la peine d'être sérieusement examinée. Elle n'intéresse pas moins de 40 à 45,000 ouvrières parisiennes. (*Vifs applaudissements.*)

Mlle Schirmacher. — Je désire parler de la défense du travail de nuit qui intéresse tout particulièrement les femmes. Le Congrès international des Œuvres et institutions féminines, réuni à Paris du 18 au 23 juin de cette année, a pris à ce sujet une attitude qui vous paraîtra peut-être étrange : il a demandé la suppression de toute mesure d'exception à l'égard de la femme en matière de travail, c'est-à-dire réclamé pour la femme la liberté du travail la nuit. Ce vœu me paraît s'expliquer en partie par certains défauts de la loi de 1892 sur le travail des femmes. Voici, à ce sujet, un cas qui a particulièrement ému l'opinion parisienne. Ceux qui demandent l'interdiction du travail de nuit des femmes sont très souvent des ouvriers qui ne visent qu'un but, supprimer une concurrence qui les gêne.

Nous en avons eu un exemple dans l'imprimerie. Le journal *La Fronde* est rédigé et imprimé exclusivement par des femmes. Elles travaillent la nuit et sont fort bien payées. Elles reçoivent un salaire de 8 francs, c'est-à-dire un salaire très élevé. De plus, le local de l'imprimerie est confortable et bien aéré. Des imprimeurs jaloux, m'a-t-on dit, ont attiré l'attention de l'inspection du travail sur ce fait et la directrice du journal a été poursuivie.

En France, on interprète parfois la loi d'une manière très large. (*Rires.*) Le tribunal, jugeant que la loi de 1892 devait avoir vis-à-vis des ouvrières un caractère de protection mais non pas de contrainte, a acquitté la directrice. Mais le ministère public a interjeté appel.

J'ajoute que l'opinion publique s'est rangée résolument du côté des femmes typographes, et j'en conclus qu'il ne sera pas difficile de changer à leur égard la loi de 1892.

En attendant les inconvénients subsistent, et des cas analogues se produiront toujours tant que l'homme croira pouvoir se passer, dans le domaine de la question sociale, du concours de la femme. (*Vifs applaudissements.*)

M. Bonnard. — Le travail de nuit est extrêmement pénible. Je me rallie à la proposition de M. le docteur Hirsch tendant à réduire à 8 heures pour les hommes adultes la durée du travail de nuit. Je suis également opposé à toute exception à la loi.

Je vous ai déjà dit que j'étais partisan d'une certaine marge pour la durée du travail. On accorderait une marge de 2 à 3 mois par an. Mais chaque heure supplémentaire prise sur cette marge devrait être payée à tarif double, et quand la marge serait épuisée, il faudrait s'arrêter. La loi reprendrait tous ses droits et s'appliquerait dans toute sa rigueur.

M. Pourcines, *inspecteur du travail à Nancy.* — Le travail de nuit est très contraire à la santé de l'ouvrier et très nuisible pour sa moralité. Mais il ne suffit pas de l'interdire. Il faut encore que cette interdiction soit respectée.

Or, il existe à cet égard une fissure que j'ai le devoir de signaler. Le patron peut faire travailler l'ouvrier à domicile ; il peut lui remettre de l'ouvrage à rapporter le lendemain.

Une pareille pratique ne saurait être admise. Le domicile de l'ouvrier doit être considéré comme le prolongement de l'atelier.

Il faut prendre des mesures pour empêcher que le travail ne se prolonge subrepticement au domicile de l'ouvrier.

J'ai en conséquence l'honneur de déposer, d'accord avec MM. Baumé, Thierrart et les représentants de plusieurs syndicats, un vœu tendant à ce que l'interdiction du travail de nuit s'étende à tout travail fait au domicile de l'ouvrier pour le patron.

M. Le Blan, *président du Syndicat de l'industrie linière du département du Nord.* — L'industrie linière demande la suppression de tout travail de nuit dans toutes les industries textiles, qu'il s'agisse de filature ou de tissage.

Nous demandons que la journée de 11 heures pour les hommes adultes soit admise dans tous les cas et qu'on supprime ce qui reste de la loi de 1848.

Nous demandons que l'on détermine par régions les heures d'entrée et de sortie des ateliers. De la sorte, on réduira de beaucoup les chances de fraude.

Les industriels sont tout disposés à respecter la loi. Ils ne demandent qu'une chose, c'est qu'elle soit également respectée par tout le monde.

M. Jay. — Tout le monde est d'accord pour reconnaître les inconvénients physiques et moraux qu'engendre le travail de nuit. Mais il semble que certains d'entre nous considèrent une entente internationale comme la condition préalable de toute réforme décisive, ou soient au moins disposés à ajourner cette réforme décisive jusqu'au jour où certains autres pays se montreraient décidés à suivre l'exemple qui leur serait donné.

Je ne partage pas cette opinion. Je tiens à le déclarer, et cette déclaration je puis la faire, je crois, sans témérité, au nom d'un grand nombre des organisateurs et des membres de ce Congrès en même temps qu'au mien.

Pour nous, la réglementation légale du travail n'est pas seulement dans l'intérêt de l'ouvrier. Assurément l'ouvrier y gagne au point de vue physique, intellectuel et moral, mais nous sommes convaincus que cette réglementation est également, en définitive, favorable à l'industrie. Elle lui est favorable en lui donnant des auxiliaires capables d'une production supérieure à la fois en quantité et en qualité.

En étudiant la législation du travail en Suisse, j'ai été très frappé du mot d'un industriel, un filateur de coton, M. Blocher. A la fin d'une conférence sur la loi suisse de 1877, loi protectrice des travailleurs, il disait : Conservez cette loi ; elle rendra la Suisse plus apte à produire (leistungsfæhiger). Grâce à cette législation, nous triompherons encore une fois sur le champ de bataille industriel.

Sans doute l'effet bienfaisant de la réglementation du travail ne se produira pas subitement d'un jour à l'autre. Il pourra y avoir pour certaines industries des périodes difficiles à traverser. Mais nous n'admettons pas que, même dans ce cas, on sacrifie à la prospérité ou à la conservation de ces industries les intérêts essentiels des travailleurs.

Un pays a d'autres moyens, droits de douanes, primes, subventions, de sauvegarder l'existence des industries qui répondent à de véritables besoins nationaux. Tous valent mieux que le maintien de conditions de travail destinées à entraîner la dégradation physique et morale d'une partie de la nation.

Est-il d'ailleurs possible de supposer une hypothèse dans laquelle un pays soit plus tenu de faire des sacrifices que celle où il s'agit de sauver la santé, la vie, l'âme des travailleurs?

Je conclus. Nous n'avons à nous préoccuper d'aucune condition préalable. Nous devons, dès à présent, assurer la protection d'intérêts supérieurs. S'il y a des dangers pour l'industrie, nous avons d'autres moyens d'y parer. Tout vaut mieux que de laisser compromettre des intérêts que l'humanité autant que l'intérêt national nous rend sacrés. (*Vifs applaudissements.*)

M. Keufer, *délégué permanent de la Fédération des travailleurs du livre.* — Je considère le travail de nuit comme désastreux au point de vue social. Mais on ne peut pas le supprimer du jour au lendemain. D'où viennent donc les difficultés, les résistances, les exceptions? Elles viennent, Messieurs, de ce qu'il ne suffit pas de légiférer pour aboutir. Il faut plus, il faut que l'éducation sociale intervienne pour empêcher l'ouvrier et le patron de s'entendre en vue de violer la loi, car il y a de nombreux exemples qui démontrent que les ouvriers eux-mêmes se font les complices volontaires des patrons pour rendre inefficace l'intervention de l'inspecteur du travail.

Enfin il y a un troisième facteur, la clientèle. C'est le plus difficile à saisir. Il faut savoir résister à ses exigences, et pour y arriver, il faut que chacun intervienne pour réagir contre les abus de cette clientèle.

C'est pour la clientèle surtout que se fait sentir le besoin de l'éducation sociale. (*Vifs applaudissements.*) Il nous arrive tous les jours de commander un vêtement et de l'exiger dans un délai très court. (*Applaudissements.*)

Il faut que les trois facteurs dont je viens de parler aient la même bonne volonté, fassent un effort commun pour assurer le succès des réformes sociales. Sans cela, la meilleure loi ne peut servir à rien. (*Applaudissements.*)

L'exemple des typographes allemands, cité par M. le docteur Hirsch, est très probant. Il montre que pour réussir, il faut une action énergique des intéressés, soutenue par la volonté du public.

La législation du travail doit être munie de sanctions plus énergiques que les sanctions actuelles, par des pénalités plus sévères. Sans cela, elle n'inspire pas un respect suffisant aux patrons réfractaires.

J'en viens à ce qu'a dit tout à l'heure Mlle Schirmacher. Elle a été très gracieuse dans la forme, mais, au fond, elle a beaucoup malmené les typographes.

Je lui répondrai tout d'abord que la femme, quoiqu'elle puisse penser, reste la pierre angulaire de la famille. La femme est trop faible pour se protéger elle-même. Or la protéger, la défendre, c'est défendre la famille et la société. Voilà pourquoi nous avons le devoir de ne pas l'abandonner.

En ce qui concerne le journal *La Fronde*, je déclare que nous sommes restés dans une attitude d'abstention systématique, pour éviter jusqu'à l'apparence du rôle de délateur.

Nous restons fidèles aux principes que nous défendons depuis plus de quarante ans, et nous ne pouvons pas les abdiquer, même quand il s'agit de la *Fronde*.

Mlle Schirmacher a parlé des salaires élevés payés aux compositrices de ce journal. Ces salaires sont raisonnables, mais ils sont inférieurs au tarif syndical, et si la direction de ce journal donne de tels salaires, ce n'est qu'à titre de manifestation de principe ; à peu près partout les compositrices sont payées au-dessous du tarif.

L'intérêt des femmes est respectable, je le reconnais, mais celui des pères de famille ne l'est pas moins. (*Vifs applaudissements.*)

Je suis d'autant plus autorisé à tenir ce langage que je suis de ceux qui affirment que la femme doit recevoir pour un travail égal un salaire égal à celui de l'homme. (*Applaudissements.*)

M. Motte, *député du Nord.* — Le travail de nuit s'accomplit dans des conditions fâcheuses. Il est pénible, antihygiénique, et il faut arriver à le supprimer.

Cependant il ne faut pas perdre de vue la réalité et il ne faut pas vouloir atteindre le but d'un seul coup. Si nous examinons l'industrie textile, il faut distinguer entre la filature, le tissage et le peignage.

Pour la filature, par exemple, on peut supprimer le travail de nuit presque sans exception.

Pour le peignage, j'ai surtout en vue le peignage de la laine, il serait, au contraire, impossible de faire ainsi.

Le travail de nuit est pour ainsi dire une nécessité organique de cette industrie.

Elle emploie un matériel d'un prix énorme et ne fait qu'un chiffre d'affaires très petit. De là la nécessité de recourir au travail de nuit.

Le peignage de laine ne pourra s'affranchir du travail de nuit que si celui-ci est supprimé en Belgique et en Allemagne. Peu importe, en effet, à cet égard, la pratique de l'Angleterre.

On pourrait peut-être voter, à cet effet, une loi de tempérament, une loi portant suppression du travail de nuit, mais une loi qu'on conviendrait de ne soumettre au vote du Sénat que si une disposition semblable était adoptée par les nations que je viens de nommer.

Nous pourrions ainsi parvenir à supprimer le travail de nuit dans toutes les branches de l'industrie textile. Par l'accord des patrons et des ouvriers nous arriverions à donner à la classe ouvrière les satisfactions auxquelles elle a droit. (*Applaudissements.*)

M. le Président. — Le débat est clos. Je constate que l'Assemblée est unanime à affirmer son vœu de voir travailler énergiquement et immédiatement à la suppression du travail de nuit, sauf dans les fabriques à feu continu.

M. Jay. — M. Beausoleil, *secrétaire du syndicat des employés*, a déposé le vœu suivant :

« Le Congrès émet le vœu que les lois réglementant le travail des femmes et jeunes gens dans les ateliers soient également applicables dans les magasins de gros et de détail, car, quoiqu'on en dise, le surmenage physique aggravé du surmenage intellectuel est aussi intense pour les employés que pour les ouvriers et, le plus souvent, pour un salaire inférieur, si l'on tient compte des obligations inhérentes à leur profession.

« En outre, émet le vœu que l'inspection du travail soit étendue aux magasins ainsi qu'aux réfectoires et dortoirs. »

M. Baumé, *secrétaire de l'Union des Syndicats du département de la Seine.* — J'exprime le vœu que le travail de nuit soit supprimé totalement pour les enfants et les femmes.

La séance est levée à midi moins dix minutes.

Séance du Vendredi 27 Juillet 1900

(SOIR)

La séance est ouverte à 4 heures 1/2, sous le présidence de M. de Philippovich, *professeur à l'Université de Vienne.*

M. Brust, *délégué des syndicats chrétiens d'Allemagne.*— Je vous remercie, Messieurs, au nom des sociétés ouvrières que je représente (Christliche Gewerkschaften Deutschlands), et qui ne comptent pas moins de 152,000 membres, de l'invitation amicale qui nous a été adressée à prendre part à ce Congrès.

Nos sociétés portent au Congrès un intérêt très vif et lui donneront leur appui.

Au 2e Congrès de Francfort, elles se sont prononcées en faveur de la journée de 10 heures.

Elles sont même allées plus loin et ont demandé la journée de 8 heures pour certaines industries dangereuses, par exemple pour les mineurs (y compris l'entrée dans l'usine et la sortie), pour les ouvriers des haut-fourneaux.

Dès 1884, les autorités minières du bassin rhénan-westphalien ont décidé que quand la température de la mine s'élèverait à 29° centigrades, le travail devrait être réduit à 6 heures.

En ce qui concerne l'inspection du travail, elle a pour les mines une importance plus grande encore que pour les autres professions.

On devrait y adjoindre des ouvriers. On ne l'a pas fait encore en Allemagne. Nous exprimons le vœu qu'on le fasse sans retard.

Il se passe au fond des mines bien des choses irrégulières et illégales. L'administration les ignore parce qu'elle ne connaît pas le détail pratique du travail.

En Prusse on a essayé d'améliorer l'inspection. Mais les nouveaux fonctionnaires ont été trompés aussi. Il a été prouvé notamment que des adolescents avaient été obligés de travailler plus que le temps légal.

La question intéresse directement la santé des ouvriers. Ceux-ci doivent être admis à prendre part au contrôle. (*Applaudissements.*)

M. Giesbert, *représentant des sociétés ouvrières catholiques (Katholische Arbeitervereine) d'Allemagne.* — Les inspecteurs du travail, pour assurer d'une manière efficace l'exécution des lois ouvrières, doivent avoir des connaissances techniques. Il doivent être familiarisés avec la pratique des métiers de leur ressort.

Ils doivent, en outre, pouvoir appliquer des peines suffisamment fortes. En Allemagne, ces peines sont très légères, et les inspecteurs s'en plaignent. Ils se trouvent dans une situation fausse, parce qu'à cause de la faiblesse de ces peines, les patrons se moquent des contraventions dont ils sont l'objet. Il faudrait des peines sévères, même draconiennes.

Il faudrait également augmenter le nombre des inspecteurs. En Allemagne ce nombre est insuffisant. Les inspecteurs sont obligés de concentrer leur attention sur les grands établissements. Ils ne peuvent en effet visiter que le tiers des établissements de leur ressort. Or, les grands établissements sont d'ordinaire respectueux des lois sur le travail. Parfois même ils vont plus loin que ne l'exigent les dispositions de ces lois. Ce sont surtout les petits établissements qui auraient besoin d'être inspectés : là les abus fourmillent.

Enfin, les inspecteurs ne peuvent faire quelque chose d'utile que s'ils jouissent de la confiance des ouvriers. Si cette confiance manque, les ouvriers n'oseront pas se plaindre.

Nous demandons que les ouvriers soient associés à l'inspection. C'est particulièrement nécessaire dans l'industrie des mines et dans celle du bâtiment

Nous demandons que l'on nomme des inspectrices qui auront plus facilement la confiance des ouvrières. Le gouvernement prussien a nommé deux inspectrices du travail. C'est là une mesure très bonne et qui doit être étendue.

Nous demandons que les inspecteurs du travail se mettent en contact direct avec la population ouvrière de leur ressort. Il faut qu'ils parlent de temps en temps aux ouvriers, qu'ils leur donnent des conseils d'hygiène, qu'ils leur expliquent les dispositions des lois protectrices du travail. Il faut qu'ils constituent un élément neutre entre les patrons et les ouvriers.

Je dois dire qu'en Allemagne, les inspecteurs du travail ont toujours exercé leur fonction d'une manière très impartiale, très objective, et que certainement s'ils l'avaient pu, ils auraient fait davantage. (*Applaudissements.*)

M. le Dr** Goldstein**, *privat-docent à l'Université de Zurich.* — On a exprimé ce matin l'opinion que pour assurer le succès des lois protectrices du travail, il fallait faire l'éducation du public. Je proteste contre une pareille opinion. Je crois au contraire, que c'est par la loi qu'il faut faire l'éducation du public. Quand on tient la main, par exemple, à ce que les magasins soient fermés, les clients s'y accoutument et les habitudes se transforment pour se mettre en harmonie avec le nouvel état de choses.

Ma conclusion est que, pour faire l'éducation du public, le meilleur moyen c'est d'appliquer la loi d'une manière inflexible.

M. Grommer, *licencié ès-sciences de l'Université de Berlin.* — Il ne faut pas s'occuper seulement des ouvriers industriels, mais aussi des ouvriers agricoles. Il ne faut pas oublier que dans toute la partie de l'Allemagne située à l'est de l'Elbe, les grands propriétaires se livrent à l'exploitation de leur personnel. Ils donnent aux jeunes gens un salaire dérisoire de vingt-cinq centimes par jour ; ils obligent les femmes à accomplir des travaux dégoûtants. Il faut permettre à ces ouvriers ruraux de se grouper en associations. Il faut les soumettre au contrôle des inspecteurs du travail.

M. Louis Guyon, *inspecteur des établissements industriels et des édifices publics à Montréal (Canada).* — Avant de vous dire quelques mots sur l'inspection du travail dans mon pays, permettez-moi, au nom du Gouvernement de la province de Québec que je représente à ce Congrès, d'offrir de bien chaleureux remerciements aux inspecteurs de France, et tout particulièrement au bureau de Paris et son chef si dévoué, M. Laporte.

Il n'est pas étonnant que nous, Canadiens Français, fils de l'ancienne colonie française si justement nommée jadis la Nouvelle-France, nous nous inspirions dans ce travail fécond et humanitaire, des exemples et des leçons de nos frères aînés de France.

Aussi, offrons-nous l'exemple unique dans les annales de la législation sur le travail, d'une loi élaborée par des hommes d'État anglais, s'enrichissant chaque année d'une clause ou d'un règlement tirés de la législation française.

Messieurs, je n'ai pas l'intention de m'étendre bien longuement sur notre loi que bon nombre d'entre vous ont déjà commenté d'une manière bien flatteuse pour nous, dans les divers rapports qui nous parviennent au Canada.

Je me bornerai bien brièvement à vous en donner les points les plus saillants au point de vue du progamme formulé par ce Congrès.

Au Canada, chaque Gouvernement provincial a le pouvoir de réglementer le travail.

Parmi les provinces composant le Dominion du Canada, il n'y a encore que la province d'Ontario et celle de Québec qui soient dotées de lois visant la protection des travailleurs.

L'organisation de l'inspection, dans ces deux provinces, date de 1888.

Au point de vue de la limite légale de la journée de travail, la loi ne protège pas les adultes. La loi de dix heures protège les filles, les femmes et les garçons jusqu'à l'âge de dix-huit ans.

Cependant, la journée de travail fixée par la coutume, ne dépasse guère dix heures dans tout le pays. Les typographes employés par le Gouvernement ont seuls obtenu la journée de huit heures.

Travail de nuit. — Le travail de nuit est interdit dans la province de Québec, aux filles, femmes et garçons âgés de moins de 18 ans.

Dans les cas d'exception où il est permis aux fabricants de faire travailler des heures supplémentaires, la journée ne doit pas se prolonger plus tard que 9 heures du soir, le nombre d'heures supplémentaires permis par la loi est de 72 s'étendant sur une période de six semaines.

L'inspection des chaudières est obligatoire, elles sont inspectées par des inspecteurs spéciaux sous le contrôle des inspecteurs de fabrique.

Le personnel de l'inspection, dans la province de Québec, comprend un médecin hygiéniste, cinq inspecteurs et deux inspectrices.

En terminant, laissez-moi vous dire avec quelle admiration j'ai écouté les orateurs des différents pays qui sont montés à cette tribune donner leur adhésion à l'union internationale pour la protection légale des travailleurs.

Je vous prie, M. le président, d'y joindre celle du délégué de la province de Québec, et de compter sur ses efforts pour la propagation de cette idée au Canada.

Les relations entre les inspecteurs et la classe ouvrière dans notre pays sont cordiales et je ne puis en donner une meilleure preuve qu'en vous disant que c'est à la demande des travailleurs de mon pays que le gouvernement m'a chargé de la mission qui m'occupe en ce moment. Aussi croyons-nous, au Canada comme aux États-Unis, que le meilleur appui de l'inspection du travail réside dans l'organisation forte et complète des travailleurs.

Je conclus en déposant entre vos mains, M. le président, une copie du dernier rapport du Congrès international des inspecteurs des États-Unis et du Canada qui depuis bientôt quinze ans tient une assemblée dans laquelle se discutent et se comparent les lois des différents pays, l'uniformité des lois est une des clauses de sa plateforme.

Comme un des vice-présidents de cette association je m'empresserai de soumettre devant cette importante organisation les conclusions remarquables du Congrès de Paris, certain d'avance qu'ils tendront spontanément une main fraternelle à leurs frères d'Europe. (*Vifs applaudissements.*)

M. Cauwès (remplaçant pour quelques instants au fauteuil M. le Président). — Je remercie M. Guyon des sentiments qu'il vient d'exprimer à l'égard de la France et de l'hommage qu'il a rendu à notre corps d'inspecteurs du travail.

M. Edmond Laporte, *inspecteur divisionnaire du travail*. — Je tiens tout d'abord à déclarer que je m'associe aux paroles de M. Giesbert.

La question de l'adjonction des ouvriers à l'inspection n'est pas nouvelle. Elle se pose chaque année en France lors de la discussion du budget. M. Millerand, ministre du Commerce, m'a fait l'honneur de me demander ce que je pensais à son sujet.

J'écarte tout d'abord l'idée d'établir des délégués ouvriers qui joueraient un rôle semblable à celui des délégués mineurs. Si l'on voulait que chaque profession soit représentée, ou même seulement les professions les plus importantes (industries techniques, textiles, mécaniques, du bois, du cuir, du fer, etc.), il faudrait un beaucoup trop grand nombre de délégués. Ce système ne serait pas pratique.

J'écarte également l'idée de nommer des délégués ouvriers qui seraient chargés d'assister les inspecteurs du travail. J'ai combattu ce projet, qui est antidémocratique. De pareils délégués se trouveraient placés dans une situation inférieure, ils se sentiraient blessés d'exercer un rôle secondaire.

Je demande que les ouvriers entrent dans l'inspection, mais par la même porte que nous, par la voie du concours.

A l'objection que le concours est difficile, je répondrai que j'en demande la modification. Je veux qu'il porte sur des matières moins théoriques et plus pratiques.

Ce système n'abaisserait-il pas le niveau du corps de l'inspection ? Je ne le crois pas.

Nous aurions parmi nous, investis des mêmes droits, tenus aussi des mêmes devoirs, des collègues qui auraient été ouvriers. Je crois que par là bien des préjugés se dissiperaient.

Je suis partisan, en somme, de l'entrée des ouvriers dans

l'inspection. M. le Ministre a approuvé mes idées et m'a demandé de rédiger un programme de concours conçu à ce point de vue. J'ai rédigé ce programme, qui a été soumis à la Commission supérieure du travail. Je dois dire que la Commission n'a pas partagé la manière de voir du ministre, et que jusqu'à présent le concours n'a pas été modifié.

J'ignore si cette réforme aboutira. Mais ce dont je vous supplie, c'est d'éviter les demi-mesures. Qu'on soit inspecteur du travail ou qu'on ne le soit pas. Il ne faut pas d'inspecteur-adjoint, pas d'inspecteur auxiliaire.

M. le Ministre a néanmoins réalisé un progrès important dans le sens que j'indique. Il va y avoir un concours. Il a décidé que le privilège de 30 points accordé aux élèves diplômés des grandes écoles, École des Arts et Métiers, École centrale, etc., serait supprimé.

Je termine en déclarant, au nom des inspecteurs du travail français, que nous serions très heureux et très flattés d'avoir pour collègues des inspecteurs ouvriers. (*Applaudissements.*)

M. Bonnard. — Je demande que les patrons soient obligés de tenir registre de leurs opérations pour faciliter la tâche des inspecteurs. Il faut que ceux-ci puissent se rendre compte si la marge est ou non dépassée.

Les nouvelles lois seraient inapplicables si l'on ne disposait pas de moyens de contrôle clairs et pratiques.

M. Champy. — Je rends hommage aux qualités de M. Laporte. Beaucoup de nos camarades de travail, ouvriers et ouvrières, sont d'accord avec lui. Nous ne voudrions pas que l'on donnât aux ouvriers une mission secondaire dans l'inspection du travail.

Nous demandons, comme lui, que le concours devienne moins théorique et plus pratique.

Nous demandons que le corps des inspecteurs soit composé pour moitié d'ouvriers désignés par les syndicats.

Nons demandons également que l'on nomme des inspectrices ouvrières.

Ces éléments ouvriers seraient excellents. Les travailleurs voient de près les choses et ont le sentiment de la justice. Ils n'ont plus du reste à faire leurs preuves à cet égard.

Nous demandons avec insistance que l'on fasse entrer des ouvriers et des ouvrières dans le corps de l'inspection. On travaillera par là, de la manière la plus sûre, au relèvement de l'industrie nationale. Il est indispensable de veiller à ce que les jeunes apprentis deviennent de bons ouvriers et non, comme il arrive trop souvent, de simples manœuvres.

Il importe beaucoup de sauvegarder le bon recrutement des diverses professions et l'indépendance de l'homme par son travail. (*Applaudissements.*)

M. Quillent, *conseiller prud'homme, membre de l'Union protectrice des jeunes travailleurs.* — Il est absolument nécessaire pour assurer l'exécution des lois protectrices du travail d'avoir un bon corps d'inspection.

Les inspecteurs font ce qu'ils peuvent, mais ils ne peuvent pas tout. Il faut qu'on les stimule, qu'on les éclaire. Mais, par dessus tout, j'estime que les travailleurs n'obtiendront l'exécution des lois qui leur sont favorables qu'autant qu'ils seront organisés assez puissamment pour l'imposer.

Quand les parlements, poussés par l'opinion publique, font des lois pour satisfaire les travailleurs, parmi lesquels ils recrutent le plus grand nombre d'électeurs, ce n'est pas suffisant. Il faut surtout que ces lois soient mises à exécution.

Mais comme la protection des salariés ne peut s'exercer que contre les employeurs et à leur détriment, le pouvoir législatif satisfait les travailleurs en leur donnant des lois, et le pouvoir exécutif, sous la pression de la puissance capitaliste, ne les exécute pas pour satisfaire les patrons; grâce à ce système, tout le monde est content, mais pour nous le résultat est nul.

Je citerai comme exemple la loi de 1892, sur la protection des enfants. Cette loi interdit de faire trainer par les enfants des voitures ou de leur faire porter des fardeaux, lorsque ces voitures et ces fardeaux dépassent un certain poids.

Quand on se trouve en présence d'une infraction de ce genre, on s'adresse à un agent de police. C'est très bien. Mais comment peser la voiture ou le fardeau ? Ici la difficulté commence. Il faudrait une bascule, qui le plus souvent fait défaut.

La conséquence est que la loi reste lettre morte.

Pour remédier à ce mal, je demande la formation d'organisations privées, ayant pour but d'amener au point de vue pratique l'application des lois protectrices du travail.

L'Union protectrice des jeunes travailleurs a déjà beaucoup fait dans ce sens. Elle s'occupe surtout des enfants et des jeunes gens, parce que c'est sur eux que repose l'avenir de la race. (*Applaudissements.*)

Mlle **Bouvard,** *membre du syndicat des fleuristes plumassières.* — Je viens signaler une plaie sociale qui a été oubliée. Je demande comme une mesure nécessaire pour assurer la protection du travail, que les couvents, ouvroirs, orphelinats restent dans leur rôle d'œuvres de charité et ne fassent pas travailler les personnes dont ils s'occupent, de manière à faire une concurrence commerciale aux ouvriers.

J'en dirai autant des prisons.

Je demande que dans tous ces établissements le travail soit interdit, quand il prend la forme de travail industriel. (*Applaudissements.*)

M. Dubois, *directeur de l'Office du travail de Belgique.* — Mon collègue, M. Fontaine, dans son très intéressant rapport n'a pas envisagé la question de l'introduction des ouvriers dans l'inspection du travail. Mais M. Laporte, le très distingué inspecteur divisionnaire de Paris, a montré qu'il n'était pas possible d'introduire les ouvriers, par spécialités, dans le corps des inspecteurs, ainsi que cela a lieu pour les délégués mineurs. Les spécialités sont très nombreuses, et il y aurait impossibilité à assurer leur représentation d'une manière complète. Ce qui est vrai en France, à cet égard, l'est également en Belgique.

En Belgique nous avons 11 inspecteurs-ingénieurs. Nous n'avons pas d'inspecteurs divisionnaires. Les 11 inspecteurs-ingénieurs sont répartis entre 9 districts. L'élément ouvrier est représenté par quatre délégués. Ces délégués ont les mêmes droits que les inspecteurs-ingénieurs. Ils peuvent dresser des procès-verbaux. Ils sont convoqués avec les inspecteurs-ingénieurs. Ils jouissent auprès des industriels d'une grande considération.

Ces délégués ouvriers ne sont pas indépendants. Ils dépendent de l'inspecteur du district. Mais cette subordination n'a rien d'humiliant.

Le gouvernement choisit les inspecteurs du travail, comme il le juge à propos, sans examen et sans concours. Mais il s'applique, en fait, à ne prendre que des hommes experts et il a toujours choisi des ingénieurs diplômés.

Tel est le système. Je me suis borné à l'exposer sans vouloir ni le louer ni le critiquer. Il est en vigueur depuis 6 ans.

Je dois signaler un autre point. On a créé à côté de l'inspection dont je viens de vous parler, une inspection médicale. Les districts ont été réunis deux à deux, et l'on a établi pour chacune des circonscriptions ainsi formées un inspecteur spécial, chargé de ce qui concerne l'hygiène. Cet inspecteur est docteur en médecine, il a les mêmes droits que les inspecteurs-ingénieurs, mais il n'a à s'occuper que de ce qui concerne la santé des ouvriers.

Les deux services, celui de l'inspection médicale et celui de l'inspection du travail proprement dite, sont parallèles, mais indépendants l'un de l'autre.

Ils échangent entre eux des renseignements pour les besoins de leur service, et ils relèvent d'une autorité commune, celle du ministre.

Au-dessus des inspecteurs de district, il y a au ministère, à Bruxelles, une section centrale composée de 6 inspecteurs (4 ingénieurs et deux médecins). Ces inspecteurs centralisent les rapports des autres inspecteurs, ils les comparent, ils en dégagent ce qu'ils ont de commun. Ils élaborent les projets de réforme. Ils remplissent des missions spéciales. Enfin ils donnent leur avis sur la création d'établissements dangereux ou insalubres.

J'ajoute enfin que nous avons une inspectrice. Depuis 3 ans

une dame a été nommée inspectrice et attachée à la section centrale. Elle visite les établissements où l'on emploie exclusivement des femmes. (*Vifs applaudissements.*)

M. le Président remercie M. Dubois de son intéressante communication.

M. Fontaine, *directeur de l'Office du travail français.* — On a beaucoup parlé de renforcement de l'inspection. En effet, le nombre des inspecteurs, à l'heure présente, est insuffisant.

Il faut le renforcer.

On a proposé, à cet effet, de prendre des inspecteurs ouvriers, qui deviendraient des fonctionnaires.

Mais il y a une autre solution, celle des inspecteurs-ouvriers élus.

L'avantage de cette solution est qu'elle donnerait des inspecteurs qui seraient en contact très intime avec les ouvriers. De plus, elle donnerait satisfaction à un droit de l'ouvrier, celui de se rendre compte par lui-même, ou par son mandataire, des conditions d'hygiène et de sécurité de l'établissement où il travaille.

A cette solution il n'y a d'autre précédent que celui des délégués mineurs.

L'institution des délégués mineurs a été créée en 1890.

Le délégué mineur n'est ni un fonctionnaire, ni un contremaître. C'est simplement un visiteur-rapporteur, dont le rôle consiste à signaler les infractions qu'il constate. Même ainsi réduit, le rôle des délégués-mineurs est très important.

L'institution des délégués-mineurs n'a pas contribué à réduire sensiblement le nombre des accidents graves. Elle a simplement pris sa place dans la série des mesures prises à cet effet, sans y jouer un rôle prépondérant.

Le rôle des délégués mineurs a été de présenter une série d'observations, qui ont contribué à faire améliorer l'hygiène de de la mine, et à amener la décroissance du nombre des petits accidents. Il a été également d'accroître le nombre des déclarations d'accidents.

Je suis, quant à moi, partisan de délégués ouvriers qu'on associerait à l'inspection du travail.

Ils suppléeraient au manque d'inspecteurs, qui ne permet de visiter les usines que tous les deux ou trois ans. De plus, ils pourraient présenter des observations très utiles, que seuls ils sont à même de faire, parce qu'elles supposent la vie quotidienne dans l'atelier et la connaissance approfondie des conditions techniques du travail.

Comment les choisirait-on ? Il y aurait divers systèmes. On pourrait avoir des inspecteurs ouvriers présentés par le Conseil supérieur du travail. On prendrait des inspecteurs ouvriers choisis par spécialité ou groupes de spécialités embrassant les professions similaires. Enfin, on pourrait introduire le système de l'inspection facultative de la loi anglaise de 1887 : les ouvriers seraient admis à faire visiter, à leurs frais, les établissements où ils travaillent, quand il le jugeraient à propos.

Je crois que la création de délégués ouvriers serait une bonne chose. Elle donnerait à l'inspection des auxiliaires précieux, et elle sanctionnerait le principe que les ouvriers ont le droit de veiller à leur propre sécurité. (*Vifs applaudissements.*)

M. Barral renonce à la parole.

M. Baumé. — J'approuve ce qui vient d'être dit par M. Fontaine.

Il faut que les ouvriers veillent eux-mêmes à l'application des lois protectrices du travail. En effet, s'il y a des inspecteurs du travail consciencieux, il y en a malheureusement d'autres qui visitent surtout la salle à manger de l'industriel. (*Vives protestations.*)

M. Harlé, *inspecteur départemental du travail de Seine-et Oise.* — Citez des noms... C'est une calomnie !

M. Baumé. — On me reproche de calomnier les inspecteurs du travail. Je ne veux pas insister. Je ferai ma preuve ailleurs.

Je termine en déposant sur le bureau du Congrès le vœu suivant au nom de l'Union des Syndicats de la Seine, de la Confédération générale du travail et de quelques camarades qui l'ont signé :

« Considérant que l'inspection du travail, pour être réelle et efficace, doit être faite par les intéressés eux-mêmes ;

« En conséquence, les soussignés émettent le vœu que les inspecteurs et inspectrices du travail soient nommés par les organisations ouvrières syndicales, pour une durée de deux ou trois ans et soient rééligibles :

« Ces inspecteurs et inspectrices auront le droit de visiter les couvents, ouvroirs et tous les autres établissements dits hospitaliers dont le travail entre en concurrence avec celui de l'industrie privée. »

Signé :

BAUMÉ,
de l'Union des Syndicats de la Seine.

THIERRARD,
de la Confédération générale du travail.

CHAMPY et QUILLENT,
Conseillers prud'hommes ouvriers.

BEAUSOLEIL,
du Syndicat des Employés de la Seine.

M. Aguillon, inspecteur général des Mines, renonce à la parole.

M. le Président. — Je constate que dans la séance qui vient d'avoir lieu, le Congrès a reconnu que l'inspection du travail est une institution nécessaire en raison des excellents résultats qu'elle a produits, et de plus, que la confiance des ouvriers est acquise à cette institution.

Le Congrès estime qu'il y aurait avantage à créer des inspectrices, des inspecteurs médicaux et des inspecteurs ouvriers.

Le Congrès estime qu'il faudrait renforcer les pénalités.

Le Congrès estime qu'il serait bon qu'il s'établit des rapports entre les inspecteurs du travail des divers pays.

Le Congrès estime enfin que les ouvriers doivent se faire les auxiliaires de l'inspection du travail dans leurs efforts pour assurer le respect de la législation protectrice du travail.

La séance est levée à 7 heures moins 25 minutes.

Séance du Samedi 28 Juillet 1900

La séance est ouverte à 10 heures 20 minutes, sous la présidence de M. Nyssens, *ancien ministre du travail en Belgique.*

L'ordre du jour appelle la création d'une union internationale pour la protection légale des travailleurs.

M. Cauwès (remplaçant au fauteuil, au commencement de la séance, M. le Président). — La Commission nommée dans la séance d'ouverture en vue d'étudier les bases de cette union internationale a délibéré et élaboré un projet que M. Ernest Mahaim va rapporter devant vous.

M. Ernest Mahaim, *professeur ordinaire à l'Université de Liège.* — La tâche dont je suis chargé est fort lourde. Je la remplis néanmoins avec joie, parce que je vois aboutir à des résultats définitifs, de longs et pénibles efforts vers une œuvre de progrès social destinée à produire des effets incalculables dans l'avenir.

C'est comme rapporteur de la Commission internationale du Congrès que j'ai l'honneur de vous adresser la parole en ce moment. Le projet que je vous présente n'est donc pas tout à fait celui qui fait l'objet de mon rapport imprimé, mais celui qui a été adopté par les représentants des divers pays que vous avez désignés il y a quelques jours. Il est le résultat d'un grand nombre de concessions mutuelles. Ses dispositions sont par suite étroitement liées les unes aux autres, et il serait difficile d'y introduire des amendements sans en compromettre toute l'économie. Je vous demande donc de vouloir bien l'adopter en bloc.

J'ai à vous exposer d'une façon aussi complète et aussi concise que possible les motifs du projet de statuts qui vient de vous être distribué.

Les articles 1 et 2 déterminent le but et le rôle de l'association, que nous avons appelés d'un beau nom : « *Association internationale pour la protection légale des travailleurs* », et dont nous avons placé le siège en Suisse, le pays neutre qui a pris l'initiative d'une action internationale en matière de législation du travail.

Le but de l'Association est tout d'abord « de servir de lien entre ceux qui, dans les différents pays industriels, considèrent la législation protectrice des travailleurs comme nécessaire ».

Ce n'est pas là une vaine formule, car jamais la nécessité d'une union internationale n'a été plus vivement sentie. C'est un spectacle grandiose et consolant que celui de ces puissants courants d'opinion qui rapprochent des hommes de tous les partis, de toutes les classes de la société et de tous les pays, dans la pensée de travailler au progrès des lois qui protègent la vie, la santé, la moralité des ouvriers et de servir ainsi la grande cause de la paix sociale. (*Vifs applaudissements.*)

Il y a eu jadis, une Internationale des travailleurs, organisation de combat d'une classe sociale. Celle que nous fondons aujourd'hui sera uniquement une institution de paix sociale, ouverte à l'ensemble des classes de la société.

Mais pourquoi les amis du progrès de la législation du travail sentent-ils si vivement le besoin de s'unir par delà les frontières ? Parce que la question est essentiellement une question internationale.

Je ne veux pas dire qu'une loi protectrice du travail ne peut être adoptée dans un pays qu'à la condition de l'être dans tous les autres. S'il en était ainsi, nous attendrions encore la première réglementation légale. Mais je dis que ceux qui veulent le progrès de ces lois ne peuvent s'abstraire du point de vue international.

La concurrence étrangère est, dans chaque pays, le grand obstacle à la protection légale de l'ouvrier.

Il en a toujours été ainsi, et il en sera toujours ainsi. Les premières mesures destinées à sauvegarder la vie et la santé des enfants dans les filatures de coton de l'Angleterre, au commencement de ce siècle, ont été considérées, dès le début, comme la ruine de l'Industrie anglaise au profit de ses concurrents français. Et l'avertissement se reproduit, parfois sous forme de menace, à chaque proposition de réglementation nouvelle.

L'objection, il faut bien le dire, a une grande force. Car enfin, ceux qui veulent le bien de l'ouvrier ne peuvent souhaiter de voir l'industrie nationale qui donne à l'ouvrier à vivre, après tout, aller à sa ruine. Et cette objection, loin de perdre sa valeur, en acquiert davantage à mesure que, les relations internationales devenant plus étroites, toutes les industries, les unes après les autres, se sentent menacées par la concurrence étrangère.

Il est donc de notre devoir, à nous qui pensons que c'est le devoir impérieux de l'État d'intervenir pour sauvegarder les biens les plus précieux de la population laborieuse, de rechercher jusqu'où cette action peut aller sans danger.

En face de l'industriel responsable, parlant au nom de son expérience intéressée, il n'y a qu'un argument qui porte, c'est celui du fait. Il faut montrer que ses craintes sont mal fondées. Quel enseignement que celui de l'histoire de la législation du travail. On y voit comment l'industrie a su s'adapter aux conditions légales les plus redoutées pour y puiser précisément des éléments de force même vis-à-vis de l'étranger.

C'est pourquoi il faut que les amis des lois protectrices des ouvriers soient informés de tout ce qui se passe en cette matière à l'étranger. Il faut que nous puissions, même en vue d'une loi nationale, invoquer des exemples irrécusables, des faits péremptoires, non seulement à propos de l'existence d'une disposition légale, mais à propos de son application. Quelle force notre cause n'acquerrait-elle pas, si nous nous aidions tous de ce que l'expérience nous enseigne ?

Nous atteindrions ainsi facilement les couches profondes de l'opinion publique, qui fait les lois en somme, puisqu'elle fait les gouvernements. La tâche est énorme, car l'opinion est loin d'être éclairée à cet égard. Le jour n'est pas venu encore où l'inspecteur du travail sera considéré comme le magistrat le plus utile, comme l'expression la plus précieuse du devoir social de l'État.

Comment l'Association réalisera-t-elle pratiquement son but général ?

Par l'organisation d'un *Office international du travail.*

Je ne vous referai pas l'historique de l'idée de fonder cette institution ; je ne vous comparerai pas les avantages d'un Bureau international officiel, et d'un Bureau dû à l'initiative privée. Je ne ferai que vous rappeler les paroles que l'honorable M. Millerand prononçait ici même l'autre jour. Il vous a dit que les États les mieux disposés ne voyaient pas la possibilité d'établir un organisme officiel, et qu'on attendait tout de nos efforts.

La mission de l'Office sera complexe. Il aura tout d'abord à fournir aux membres de l'Association une série de publications indispensables : un recueil comprenant le texte ou le résumé de toutes les lois, règlements et arrêtés relatifs à la protection légale des ouvriers, un exposé historique de ces lois et règlements, un résumé des rapports et documents officiels concernant leur interprétation et leur exécution ainsi qu'une bibliographie complète et au courant.

Ces publications à elles seules représentent déjà un travail considérable, exigeant des ressources étendues. Mais une heureuse circonstance en facilitera singulièrement l'exécution. Je suis fier pour mon pays de dire ici que la Belgique, grâce à l'intervention de M. Nyssens, alors ministre de l'industrie et du travail, a pris, à la suite du Congrès de 1897, l'initiative de publier, en langue française, un *Annuaire de la législation du travail.* (*Vifs applaudissements.*) L'Association trouvera le moyen, j'en suis sûr, de s'entendre avec l'Office du travail de Belgique. C'est pour en ménager la possibilité que nous avons inséré, à l'article 2 les mots « ou prêter son concours à une semblable publication ».

A côté de ses publications, l'Office international doit organiser un bureau permanent de renseignements (art. 2, § 3°) dont il faut attendre de précieux secours. Le recueil et les autres publications ne peuvent, en effet, donner que des indications générales. A côté de cela, il faut que tout membre, publiciste ou législateur, syndicat ouvrier ou inspecteur du travail, puisse poser des questions précises sur tel ou tel point déterminé et recevoir à bref délai une réponse utilisable. Rappelez-vous comme vous avez souvent été embarrassé pour connaître exactement la législation étrangère ou son application dans un cas déterminé, et vous apercevrez immédiatement quelles ressources peut offrir un service de renseignements bien organisé, s'appuyant sur un grand nombre de correspondants (art. 11), répandus dans le monde entier. Ce simple office d'information sera la meilleure et la plus efficace des propagandes.

Nous n'avons pas manqué d'ajouter, dans la mission de l'Office international (art. 2, § 4°), la poursuite de la concordance des diverses législations nationales ; ses études doivent préparer ainsi les futures conférences diplomatiques — si éloignées qu'elles soient — et aplanir les voies à ce qu'on a appelé « la législation internationale du travail ».

Il en est de même de l'unification des cadres de la statistique du travail, œuvre scientifique de longue haleine et de haute portée pratique.

Enfin (art. 2, § 5°), l'Office international est tout indiqué pour préparer les futurs Congrès, rechercher les rapporteurs longtemps à l'avance, coordonner leurs travaux, provoquer des enquêtes. Sans doute, l'organisation même d'un Congrès reviendra toujours à un Comité local, mais sa tâche sera singlièrement allégée par le travail préparatoire, fait avec esprit de suite, de l'Office international.

L'organisation de l'Association elle-même a présenté de sérieuses difficultés, parce que nous avons voulu concilier des vues très différentes et consacrer ainsi la plus grande liberté des diverses nations.

Deux principes ont guidé la Commission :

1° L'Association doit être ouverte à tout le monde. C'est pourquoi la simple adhésion aux statuts et le versement de la cotisation (art. 3 et 4) sont les seules conditions de l'admission des membres. Des sociétés privées, des syndicats peuvent recevoir ce titre, aussi bien que des particuliers, et cela, en dehors de toute section nationale.

La cotisation a été fixée à 10 francs, chiffre modique en pré-

sence des avantages matériels (publications et renseignements)
que l'Association sera à même de fournir (art. 5). Il est vrai que
l'annate de 10 francs est trop élevée pour le budget d'un ouvrier.

Mais en dehors des sections nationales, il n'y a pas à compter sur un grand nombre de membres ouvriers. Ceux-ci pourront toujours, d'ailleurs, se rattacher à l'Association par l'inter-
médiaire d'un syndicat, pour lequel le chiffre de 10 francs n'est
pas exagéré.

2° Le second principe, c'est qu'il faut favoriser la constitution des sections nationales.

Nous avons pensé, en effet, que pour que l'Association acquière
une influence considérable sur l'opinion publique, il y avait un
grand intérêt à lui donner, dans chaque pays, une base très
large, une association nationale comprenant de nombreux membres. Dans ce but, tandis que les droits des membres individuels
se bornent aux avantages matériels de l'Association, nous
avons donné aux sections nationales une part dans la direction
de l'Association elle-même, par l'élection des membres du Comité (art. 14, § 2).

Les conditions de la formation d'une section nationale sont,
d'après l'art. 14, § 1er, au nombre de trois :

a) Comprendre au moins 50 personnes, pour que la section
soit une association sérieuse ;

b) Verser à la caisse de l'Association une contribution annuelle minima de 1,000 francs. Cette condition est une espèce
de forfait, de nature à pousser une section à recueillir plus de
100 membres, et lui laissant la faculté d'abaisser sa cotisation
autant qu'elle voudra, si elle comprend plus de 100 membres,
ou d'employer ses fonds à ses fins nationales ;

c) Faire approuver ses statuts par le Comité, pour que le but
et la neutralité de l'Association vis-à-vis des partis politiques
soient pleinement sauvegardés.

Grâce à ce système, toute section nationale a intérêt à compter un grand nombre d'adhérents et à abaisser sa propre cotisation de façon à la rendre accessible aux classes populaires.

Seulement, dans ce cas, il est clair que l'Association ne peut
lui fournir des publications au même taux qu'aux membres in-

dividuels : c'est pourquoi l'article 14, § 3, fait la réserve qu'il ne lui en sera fourni que proportionnellement à sa contribution annuelle. Si celle-ci, par exemple, reste limitée à 1,000 francs, elle ne recevra que 100 Annuaires, 100 exemplaires du Bulletin, etc.

La direction de l'Association ne pouvait être confiée qu'à un Comité international. Les articles 6 à 8 en indiquent la composition.

Tout Etat sera représenté au sein du Comité par 6 membres dès que 50 de ses citoyens auront adhéré à l'Association. Au delà de ce nombre, chaque groupe nouveau de 50 adhérents donnera droit à un siège de plus, sans que le nombre total de membres d'un même pays puisse dépasser 10. De la sorte, l'égalité entre toutes les nations est maintenue, avec la seule modalité qu'une faible part d'influence supplémentaire est accordée aux Etats possédant le plus grand nombre d'adhérents.

A côté des membres privés du Comité, nous avons appelé les représentants des gouvernements (art. 7), dans la pensée que c'était un moyen efficace de les intéresser à notre œuvre, et de faciliter l'octroi de subsides.

La rédaction nouvelle de l'article 7 est plus large que celle que je proposais dans mon rapport imprimé. Elle permet encore, je tiens à le déclarer au nom de la Commission, l'admission éventuelle d'un représentant du Saint-Siège. Nous avons voulu par là faciliter simplement l'accès de l'Association aux catholiques des divers pays. L'autorité morale du Souverain-Pontife qui a donné l'encyclique *Rerum novarum* n'est pas contestable. Pour écarter certaines appréhensions, je ferai remarquer que l'influence du Saint-Siège ne sera jamais exorbitante dans un comité où son représentant se trouvera en présence d'une grande majorité de délégués d'opinion non catholique.

En dehors du cas où une section nationale est régulièrement organisée, le Comité se recrute par cooptation.

Sa compétence, très étendue, est définie par l'article 9.

Il aura à sa tête un bureau dont la composition et le rôle sont déterminés par les articles 10, 11, 12 et 13, que je me contente de vous lire.

Telle est, Messieurs, l'économie du projet de statuts que la Commission internationale m'a chargé d'exposer devant vous.

Je ne doute pas que ce projet ne soulève, dans quelqu'une de ses dispositions, des objections plus ou moins fortes. Malgré le travail assidu et consciencieux auquel elle s'est livrée, la Commission n'espère pas avoir contenté tout le monde.

Mais je vous demande de ne pas faire de ces objections des obstacles à l'adoption des statuts. Je vous demande de faire — comme nous l'avons fait tous un peu en Commission, — abstraction de vos dissentiments éventuels pour n'envisager que l'importance du pas à franchir aujourd'hui, l'impulsion définitive à donner à l'œuvre que nous poursuivons.

C'est pourquoi je vous supplie de ne penser en ce moment qu'à ce qui nous unit, pour acclamer avec moi la fondation de cette association internationale pour la protection légale des travailleurs dont nous avons tant à attendre pour le bien-être des classes laborieuses et pour la paix sociale. (*Applaudissements prolongés.*)

M. le baron de Berlepsch. — Au nom du Comité provisoire allemand, je déclare accepter le projet qui vient d'être exposé par **M. Mahaim.**

J'ajoute que nous croyons nécessaire d'élire, dès à présent, un Comité international provisoire jusqu'à ce que les sections nationales aient reçu leur constitution définitive.

Nous proposons de nommer président provisoire M. Scherrer, qui veut bien accepter cette charge. Nous rendrons ainsi hommage à sa personne et à son pays, la Suisse, qui a fait des efforts si méritoires pour l'établissement d'une législation internationale du travail. (*Vifs applaudissements.*)

Nous proposons de nommer secrétaire général provisoire M. Mahaim. Après l'éloquent discours que vous venez d'applaudir, je n'ai pas besoin de vous donner la raison de ce choix. (*Vifs applaudissements.*)

Enfin nous proposons comme membres provisoires MM. Cauwès, Toniolo, de Philippovich et baron de Berlepsch.

Les propositions de M. le baron de Berlepsch sont approuvées.

M. de Philippovich. — Au nom du Comité provisoire autrichien, je déclare adhérer aux statuts. Dans quelques mois, nous aurons en Autriche une section nationale. J'espère que notre exemple trouvera de nombreux imitateurs.

M. Mahaim. — J'accepte avec reconnaissance l'honneur qui vient de m'être fait. J'ajoute que le secrétaire général définitif devra être pris en Suisse.

Au nom du Comité provisoire belge, je déclare adhérer aux statuts.

En Belgique nous sommes tout disposés à fonder une section nationale et à nous entendre avec les pays voisins. (*Applaudissements.*)

M. Curti, *conseiller du gouvernement à Saint-Gall*. — Je fais la même déclaration au nom de la Suisse, sauf ratification ultérieure.

M. Toniolo, *professeur à l'Université de Pise*. — Et moi au nom de l'Italie.

M. Cauwès. — Il vient de se fonder en France une section nationale. Je suis autorisé à me porter fort qu'elle acceptera les statuts.

M. Champy. — Je désirerais présenter une objection. Le Saint-Siège est, malheureusement encore, un pouvoir moral et non une nation, mais ce n'est pas un État. Il représente l'Église. Je vous demande de ne pas l'autoriser à envoyer de représentants au Comité, car si vous le faisiez, vous écarteriez de votre œuvre les groupes ouvriers socialistes.

M. le Dr Hirsch. — Je n'ai pas qualité pour vous parler au nom d'un État déjà représenté ici par l'honorable **M.** de Berlepsch, mais je tiens à vous dire la vive impression que les décisions qui ont été prises à ce Congrès feront sur les populations ouvrières et la reconnaissance sincère qu'elles y éveilleront.

En mon nom et au nom de mes collègues d'Allemagne, représentants comme moi d'importantes associations ouvrières, je proclame que ce qui vient d'être fait ici sera salué par elles comme une œuvre de délivrance et de bien public.

Les ouvriers des divers pays cesseront de se sentir isolés, et trouveront de nouvelles forces pour travailler à améliorer leur condition.

Ils seront heureux de marcher la main dans la main avec les représentants des classes bourgeoises. Il importe, en effet, que les classes ouvrières s'associent à l'œuvre et y coopèrent.

Il faut qu'elle soit faite non seulement pour les travailleurs, mais en partie par les travailleurs.

En ce jour, que je considère comme un grand jour, moi qui ai voué ma vie à la cause de la paix sociale, j'exprime le vœu et l'espérance que les ouvriers des divers partis se rattacheront de plus en plus à l'Association internationale dans leur propre intérêt et pour le bien de la grande famille européenne. (*Applaudissements répétés.*)

M. Louis Guyon. — Au nom du gouvernement de la province de Québec, j'adhère aux statuts. J'ajoute, comme vice-président de l'association des inspecteurs des États-Unis, que je me ferai un plaisir, lors de la prochaine réunion de cette association, de lui exposer l'organisation de l'Association internationale. (*Vifs applaudissements.*)

M. Reichesberg, *professeur à l'Université de Berne.* — En Suisse, nous approuvons chaudement la fondation de l'Association internationale. M. Curti a déjà déclaré que nous acceptions le texte des statuts, sauf réserve de ratification ultérieure.

Les dissidences, s'il s'en produisait, porteraient sur les points suivants :

Nous croyons que l'Association pourrait étendre davantage son champ d'action et, par exemple, y comprendre la question des salaires.

Nous croyons que la présence des représentants officiels des gouvernements étrangers peut être de nature à entraver la liberté d'action de l'association.

Nous pensons enfin qu'il faudrait lui donner une organisation plus fédérative, en laissant aux sections nationales une plus grande indépendance.

Nous acceptons néanmoins les statuts *ad referendum*. Nous approuvons le projet dans ses grandes lignes et nous sommes heureux de nous y rallier.

M. Mahaim. — On a critiqué l'admission d'un représentant du Saint-Siège. Je rappelle que ce représentant ne pourra avoir, n'aura, en fait, qu'une influence extrêmement limitée. Il s'agit d'une question de détail, pour laquelle il ne faut pas compromettre une œuvre comme la nôtre. On ne peut nier d'ailleurs, parce que c'est un fait, que le Saint-Siège ne soit, pour une partie du monde des travailleurs, une grande autorité morale.

Personnellement je n'aurais pas proposé cette admission. Mais je dois dire que le Comité international y a vu un gage de succès de notre œuvre et l'a adoptée à l'unanimité. Il y a donc lieu de ratifier sa décision.

En réponse aux objections de **M. Reichesberg**, je dirai que chaque nation pourra ultérieurement proposer toutes les modifications aux statuts qu'elle jugera nécessaires en vertu de l'article 15. En ce moment, il ne s'agit pas de régler les détails de l'organisation, mais de statuer sur les principes.

M. Scherrer. — Je remercie le Comité d'avoir choisi la Suisse comme siège de l'Association. Je lui promets le concours dévoué de notre pays, et j'espère que ce sera pour lui un titre de plus à l'appui des puissances européennes. (*Applaudissements.*)

M. Sève, *consul de Belgique à Londres.* — Je n'ai pu suivre vos débats aussi assidûment que je l'aurais voulu. Mais ayant l'honneur de représenter le Cobden-Club, dont je suis vice-président, et la Chambre de commerce anglo-belge, je parlerai au nom de l'Angleterre.

Il n'y a pas de nation qui ait manifesté un plus vif intérêt pour les questions intéressant la classe ouvrière.

Moi-même, depuis ma jeunesse, je les ai étudiées avec prédilection.

L'Angleterre sera heureuse de donner son adhésion ainsi que celle des colonies britanniques à votre œuvre si excellente, si civilisatrice. *(Vifs applaudissements.)*

M. Podberski. — Permettez-moi, Monsieur le Président, de revenir à la question du Saint-Siège, qui a été abandonnée sans décision, car le Congrès pendant une heure, à peu près, vient de s'occuper d'autres questions. M. Champy, comme objection à l'admission d'un représentant du Saint-Siège, dit que la Papauté n'est pas un État, mais seulement une force morale : c'est justement pourquoi cette force est au-dessus de toutes les forces des États, parce qu'elle est spirituelle ; elle a pour base la loi sacrée : « Aime ton prochain comme toi-même » ; son exécution ne dépend que de la conscience.

Les États changent de gouvernement, d'opinions, de constitutions, de lois et de forces : la morale et la force spirituelle restent toujours les mêmes.

Je vous invite, Messieurs, à vous joindre à la proposition de M. Mahaim, et à l'approuver unanimement. *(Applaudissements.)*

M. Champy. — Nous ne pouvons admettre l'admission d'un représentant du Saint-Siège. Ce serait contraire à toutes nos idées d'émancipation. Nous demandons le renvoi des statuts à la Commission.

M. Jay. — Je suis catholique convaincu et j'ajoute qu'en portant aux questions qui nous occupent ici l'intérêt passionné que mes amis connaissent, je ne fais qu'obéir aux préceptes de celui que nous reconnaissons pour notre maître divin. *(Applaudissements.)* Mais, vous le savez, du premier jour, — la composition du Comité de patronage en fournirait au besoin la preuve décisive, — notre pensée a été d'appeler à ce Congrès sans distinction d'opinions et de croyances tous les partisans de la protection légale des travailleurs et je puis déclarer hautement que jamais il n'est entré dans mon esprit, qu'il répugnerait à ma conscience de faire faire par voix détournée je ne sais quelle manifestation confessionnelle à des hommes qui ne partagent pas mes convictions.

Les statuts qui vous sont proposés ont été élaborés ou acceptés en Belgique, en Allemagne, et ici même pendant la durée de ce Congrès, par des Comités où les catholiques n'étaient pas seuls représentés, où ils n'étaient parfois même qu'une petite minorité.

Dans leur forme actuelle ils ne font pas au Gouvernement du Saint-Siège une autre situation qu'à tous les autres gouvernements reconnus par le droit international, entretenant entre eux des relations diplomatiques.

Nous ne vous demandons donc pas de faire une manifestation catholique. Mais nous avons, en revanche, le droit de vous demander de ne pas faire une manifestation anticatholique. Nous vous le demandons avec instance.

Nous vous supplions de songer à l'Association internationale pour la protection légale des travailleurs et d'éviter tout ce qui pourrait compromettre sa fondation. (*Vifs applaudissements.*)

M. le baron de Berlepsch. — Le débat semble glisser sur un terrain dangereux. Je demande au Congrès d'user d'une grande prudence. Je respecte les opinions de **M.** Champy, mais je fais appel à son sens pratique pour lui demander de retirer sa proposition. La fondation de l'association ne peut s'effectuer que grâce à des concessions mutuelles. Ici, il s'agit d'une concession qui, au point de vue des idées que professe **M.** Champy, ne saurait avoir de conséquences. (*Applaudissements.*)

M. Lagardelle, *directeur du « Mouvement socialiste ».* — Je suis socialiste convaincu, mais je me sépare, sur le point qui nous occupe, de mon camarade Champy.

La question du Saint-Siège n'est pas posée, je demande qu'elle ne soit pas posée.

Je suis socialiste, tout comme **M.** Jay, dont j'ai été l'élève à la Faculté de Droit et envers qui je garde une vive reconnaissance, est catholique. C'est notre droit à l'un et à l'autre.

Je savais quand je suis venu ici que j'y trouverais des catholiques. Cela ne m'a pas arrêté. Nous travaillons, en effet, ici, sur un terrain neutre, pour le bien de la classe ouvrière.

Restons, Messieurs, sur ce terrain, je vous en conjure. La trève de Dieu a été faite au Congrès de Zurich. Maintenons-la. (*Applaudissements prolongés.*)

Mlle Bouvard. — Je demande que le titre de l'Association soit modifié. Le mot de protection des travailleurs choque beaucoup de personnes. On ne protège que les inférieurs, les animaux. Je demande que l'on emploie pour les travailleurs un autre mot, le mot d'aide par exemple.

M. Keufer. — Je suis parfaitement émancipé du catholicisme. J'appartiens aujourd'hui à la doctrine positiviste. Je suis donc très libre pour apprécier la proposition qui a été faite au sujet du représentant du Saint-Siège.

J'estime que la présence de ce représentant dans le Comité ne portera aucune atteinte aux convictions des non-catholiques.

L'existence de la Papauté, son influence sur nombre de patrons et sur une portion de la classe ouvrière sont des faits qu'il serait puéril de nier et dont il n'est pas possible de ne pas tenir compte.

Si le Saint-Siège envoie un représentant au Comité, nous resterons libres de discuter avec ce représentant. Nous opposerons notre idéal au sien. Nous osons dire que notre but et nos efforts tendront à réaliser d'abord une meilleure existence sur cette terre, en laissant à d'autres l'espoir de l'atteindre après leur mort. Rien ne nous obligera à nous laisser endoctriner et enrégimenter par le Saint-Siège ni par les patrons. Nous conserverons toute notre liberté de pensée et d'action.

L'essentiel maintenant est de fonder l'Association internationale. C'est pour nous un devoir de ne rien négliger de ce qui peut améliorer la condition des travailleurs et rien ne doit nous détourner de ce but.

C'est pour ces motifs que je donne mon adhésion aux statuts tels qu'ils nous sont présentés. (*Vifs applaudissements.*)

M. le Président. — Je propose de voter en une fois sur l'ensemble des statuts de l'Union internationale pour la protection légale des travailleurs.

Je fais remarquer que le mot protection n'est pas employé seul. Il est suivi de l'épithète « légale ».

Je rappelle que l'article 15 prévoit la révision des statuts. Ils peuvent, le cas échéant, être modifiés.

Les *statuts* de l'Union internationale pour la protection légale des travailleurs sont *adoptés* à l'unanimité moins une voix.

M. le Président. — Je crois répondre au vœu du Congrès en cédant la présidence à M. le professeur Cauwès.

M. du Maroussem. — L'Union vient d'être fondée. Je lui offre le concours de l'Association internationale d'enquête et je lui demande le sien en faveur de cette association.

M. Cauwès. — Le bureau prend acte de cette offre.

Le Congrès approche de sa fin. Je ne veux pas la laisser arriver sans vous dire quelques paroles qui, montant du cœur aux lèvres, vous exprimeront, avec mes remerciements, mes sentiments intimes.

Je crois sincèrement que l'œuvre de ce Congrès sera féconde.

Nous avons travaillé en toute sincérité et en toute conscience. Chacun a pu librement exprimer ses idées. Nous ne vous avons pas demandé de vous prononcer sur des formules rigides, mais, à la fin de chaque séance, le président a dégagé les opinions qui avaient obtenu votre adhésion.

Il a été ainsi constaté que vous admettiez le principe de la limitation légale de la journée de travail et que dans les divers pays ici représentés, il y avait une tendance commune à réduire cette journée à 11 heures en attendant une réduction ultérieure à 10 heures.

Il a été constaté que vous souhaitiez la suppression du travail de nuit, partout où il n'est pas imposé par des nécessités industrielles.

En ce qui concerne l'inspection du travail, il a été reconnu qu'il serait désirable d'en ouvrir l'accès à des représentants de la classe ouvrière.

Comment devraient être choisis ces représentants? C'est là une question difficile qui n'a pu être résolue. Mais elle est posée, et il y aura lieu de l'étudier de près.

Le Congrès a émis, entre autres vœux, celui que les pénalités pour infraction aux lois protectrices du travail fussent renforcées.

Enfin, le Congrès a décidé la création d'une Union internationale pour la protection légale des travailleurs.

L'élaboration de cette institution n'a pas été sans soulever de graves difficultés. Grâce à une patience infatigable, grâce à un zèle des plus méritoires de la part des membres de la Commission internationale instituée par vous, ces difficultés ont été heureusement aplanies, et l'Union internationale a pu être fondée.

Cette Union, le Congrès en a offert comme une première image. Sans la différence des langues employées, il eut été bien difficile de dire si les vœux, si les opinions exprimées émanaient d'un Italien, d'un Français ou d'un Allemand.

Si une pareille communauté de vues a pu s'établir alors qu'elle n'avait pas d'organe, que ne devons-nous pas espérer maintenant qu'elle va en avoir un?

Il en était de nos pensées comme de cette électricité qui, sans fil, se communique à distance et dont l'action jusqu'ici était restée insoupçonnée. Maintenant, elles vont avoir un foyer central où elles viendront se concentrer et d'où elles rayonneront sur tous les pays en ondes toujours plus larges, atteignant des couches d'opinion de plus en plus profondes.

L'Union internationale sera un appareil enregistreur qui multipliera la force des courants. (*Vifs applaudissements.*)

Je remercie en votre nom tous ceux qui par leurs efforts ont assuré le succès du Congrès.

Je remercie nos deux Secrétaires généraux, M. Jay, professeur à l'Université de Paris, et M. Léon de Seilhac, délégué permanent au Musée social, de leur dévouement et de leur zèle. (*Vifs applaudissements.*)

J'associe à cet éloge le secrétaire du Congrès, M. Lucien de Sainte-Croix, docteur en droit, secrétaire rédacteur du Sénat. (*Applaudissements.*)

Je remercie tout spécialement M. Emile Ver Hees, docteur en droit, chef de bureau à l'Office du travail à Bruxelles, qui a bien voulu ne pas se retrancher dans la qualité de délégué officiel de son pays et nous apporta le concours de sa faculté merveilleuse de traduction. En interprétant si bien les discours prononcés en allemand, il nous a prêté le concours le plus utile. (*Applaudissements.*)

Je remercie le représentant de la province de Québec. Le volume contenant les travaux de la dernière session de l'Association internationale des Inspecteurs américains, qu'il a déposé sur le bureau, sera le premier de la Bibliothèque de l'Union internationale.

Je remercie nos rapporteurs dont l'œuvre constitue dans son ensemble une mine si précieuse. Nous n'avons pu qu'effleurer les richesses qu'elle renferme.

Nous relirons leurs rapports tout à loisir, avec les procès-verbaux du Congrès, et nous constaterons quelle utile contribution ils ont apportée à la science économique.

Je remercie nos orateurs qui nous ont parlé avec tant de compétence, et dont les chaleureux accents, partis d'une inspiration profondément humaine, nous sont si souvent allés au cœur. (*Applaudissements.*)

L'un d'eux disait que pour réussir il nous fallait le bon vouloir de tous. Ce bon vouloir a, jusqu'au dernier moment, triomphé de dissidences qui eussent pu entraver la pleine réalisation de notre programme. (*Applaudissements.*)

Je remercie les dames qui ont assisté si régulièrement à nos séances, et nous ont apporté leur précieux concours. (*Applaudissements.*)

Je remercie la presse, dont nous n'avons eu qu'à nous louer,

et dont l'appui a été pour nous une grande force. *(Applaudissements.)*

Enfin, je dois dire que votre bureau a toujours été unanime dans les décisions à prendre. Il y a eu entre nous une confraternité complète, elle est d'un bon augure pour l'avenir de notre Union internationale. *(Applaudissements.)*

Je m'arrête, Messieurs, et je suis sûr de traduire votre pensée à tous en disant que ce Congrès de 1900 restera l'un de nos meilleurs et de nos plus chers souvenirs. *(Applaudissements prolongés.)*

M. Jay. — Je remercie M. Cauwès, des paroles bienveillantes qu'il vient d'adresser aux Secrétaires généraux du Congrès, et je tiens à exprimer à mon tour mes vifs remerciements à tous les fonctionnaires et employés du Musée social qui nous ont secondés avec un zèle infatigable. Je les prie de croire à notre sincère reconnaissance. *(Applaudissements.)*

La séance est levée à midi et demi.

ASSOCIATION INTERNATIONALE

POUR LA

PROTECTION LÉGALE DES TRAVAILLEURS

STATUTS

ARTICLE PREMIER. — Il est formé une *Association internationale pour la protection légale des travailleurs.*

Le siège de l'Association est en Suisse.

ART. 2. — Cette Association a pour but :

1° De servir de lien entre ceux qui, dans les différents pays industriels, considèrent la législation protectrice des travailleurs comme nécessaire ;

2° D'organiser un *Office international du travail* qui aura pour mission de publier en français, en allemand et en anglais *un recueil périodique de la législation du travail dans tous les pays* ou de prêter son concours à une publication semblable.

Ce recueil comprendra :

a) Le texte ou le résumé de toutes les lois, règlements et arrêtés en vigueur relatifs à la protection légale des ouvriers en général et notamment au travail des enfants et des femmes, à la limitation des heures de travail des ouvriers mâles et adultes, au repos du dimanche ou repos périodique, aux industries dangereuses ;

b) Un exposé historique relatif à ces lois et règlements ;

c) Le résumé des rapports et documents officiels concernant l'interprétation et l'exécution de ces lois et arrêtés ;

d) Des informations ainsi qu'une bibliographie complète sur les projets et études relatifs à ces objets.

3° De faciliter l'étude de la législation du travail dans les divers pays et, en particulier, de fournir aux membres de l'Association des renseignements sur les législations en vigueur et leur application dans les divers États ;

4° De favoriser, par la préparation de mémoires ou autrement, l'étude de la question de la concordance des diverses législations protectrices des ouvriers, ainsi que celle d'une statistique internationale du travail ;

5° De provoquer la réunion de Congrès internationaux de législation du travail.

ART. 3. — L'Association se compose de toutes les personnes et des Sociétés (autres que les sections nationales) qui adhèrent au but de l'Association tel qu'il est indiqué aux articles 1 et 2 et qui versent au trésorier une cotisation annuelle de dix francs.

ART. 4. — Tout membre qui, au bout d'un an, aura négligé ou refusé d'acquitter sa cotisation, sera considéré comme démissionnaire.

ART. 5. — Les membres ont droit aux publications éventuelles de l'Association.

Ils ont également le droit de recevoir gratuitement du Bureau de renseignements qui pourra être institué, et conformément à son règlement spécial, les indications rentrant dans la compétence de ce bureau.

ART. 6. — L'Association est dirigée par un Comité composé de membres appartenant aux divers États admis à y avoir une représentation.

ART. 7. — Tout État sera représenté au sein du Comité par six membres dès que cinquante de ses citoyens auront adhéré à l'Association.

Au-delà de ce nombre, chaque groupe nouveau de cinquante adhérents donnera droit à un siège de plus, sans que le nombre total de membres du Comité d'un même État puisse dépasser dix.

Les Gouvernements seront invités à désigner chacun un délégué qui aura, au sein du Comité, les mêmes droits que les autres membres.

Art. 8. — La durée du mandat des membres du Comité n'est pas limitée et le Comité se recrute par cooptation, sauf le cas prévu à l'article 14.

L'élection de nouveaux membres du Comité en remplacement des membres démissionnaires ou décédés se fera sur la proposition des membres appartenant respectivement aux États ayant droit à des représentants.

Le vote a lieu au scrutin secret, dans une réunion du Comité, dont la convocation contient l'indication des candidats présentés. Les membres n'assistant pas à cette réunion peuvent envoyer au président leur vote sous pli cacheté.

Art. 9. — Le Comité est compétent pour prendre toutes les résolutions utiles à l'accomplissement du but de l'Association.

Il se réunit en Assemblée générale au moins une fois tous les deux ans.

Il peut être convoqué par le Bureau, chaque fois que celui-ci le juge nécessaire ou quand quinze membres du Comité au moins le demandent.

Le choix du lieu de la réunion résulte de la consultation par écrit de tous les membres du Comité, faite par le secrétaire général, dans les délais fixés par le Bureau.

Art. 10. — Le Comité élit dans son sein pour deux ans un bureau composé d'un président, d'un vice-président et d'un secrétaire général.

Le Comité nomme également le trésorier de l'Association.

Art. 11. — Le Bureau a pour mission de prendre les mesures nécessaires pour l'exécution des résolutions du Comité.

Il gère les fonds de l'Association.

Il fait chaque année un rapport au Comité sur sa gestion et ses opérations.

Il nomme les employés et autres personnes nécessaires au service de l'Association.

Il se met en rapport, dans tous les États industriels, avec des spécialistes et des hommes compétents, disposés à fournir des renseignements sur les lois du travail et leur application. Ces personnes pourront recevoir le titre de *correspondants* de l'Association.

Art. 12. — Le Secrétaire général a la direction de la correspondance de l'Association, du Comité et du Bureau, ainsi que des publications et du service des renseignements.

Art. 13. — Le Trésorier perçoit les cotisations et a la garde des fonds. Il ne fait de paiement que sur le visa du Président.

Art. 14. — Une section nationale de l'Association pourra se former dans un pays, à la condition de compter au moins 50 personnes et de verser à la Caisse de l'Association une contribution annuelle minima de mille francs. Les statuts de cette section devront être approuvés par le Comité.

Cette section aura le droit de pourvoir aux vacances qui se produiront, parmi les représentants de son pays, au sein du Comité.

Les membres d'une section nationale auront les mêmes droits que ceux de l'Association, sous cette réserve que les publications à lui fournir par l'Association, ainsi que sa représentation au sein du Comité, seront proportionnelles à sa contribution annuelle.

Art. 15. — Les présents statuts ne pourront être revisés en tout ou en partie que dans une assemblée du Comité, à la majorité des deux tiers des voix des membres présents, et quand la proposition de revision aura été insérée dans la convocation.

TABLE DES MATIÈRES

COMPTE RENDU ANALYTIQUE DES SÉANCES

GRANDE IMPRIMERIE DE BLOIS, 2, RUE HAUTE.
EMMANUEL RIVIÈRE, Ingénieur des Arts et Manufactures. X 5088

9 782014 056471